Schriften zum neuen Aktienrecht
Herausgegeben von
Prof. Jean Nicolas Druey und Prof. Peter Forstmoser

Die Durchführung der Generalversammlung

insbesondere in der Mittelstandsunternehmung

Mit Musterbeispielen und Arbeitshilfen

von

Dr. iur. HSG Wolfgang Maute

Schulthess Polygraphischer Verlag Zürich

4

Zitiervorschlag: Maute, Generalversammlung

Stand der Bearbeitung: Ende 1992

© Schulthess Polygraphischer Verlag AG, Zürich 1993
 ISBN 3 7255 3102 1

Vorwort

Diese Publikation will denjenigen Personen, welche zur Durchführung der Generalversammlung von schweizerischen Aktiengesellschaften verantwortlich sind, eine Arbeitshilfe zur Verfügung stellen. Hauptanliegen ist die Darstellung der rechtlichen Grundlagen zur Herbeiführung der Generalversammlungsbeschlüsse nach revidiertem Aktienrecht. Zudem soll insbesondere dem Vorsitzenden der Generalversammlung eine kurze Übersicht über seine Aufgaben und Befugnisse vermittelt werden.

Es muss jedoch die Einschränkung angebracht werden, dass an dieser Stelle viele interessante Fragen nur andeutungsweise berücksichtigt werden können. Es gibt hiezu jedoch zahlreiche Monographien, welche diese Teilprobleme bei der Durchführung von Generalversammlungen erläutern.

Der Verfasser, Leiter der Rechts- und Steuerabteilung der PROVIDA Treuhand AG, Frauenfeld dankt den Herren Prof. Dr. Jean Nicolas Druey und Prof. Dr. Peter Forstmoser für die Unterstützung und die Aufnahme des Beitrages in die Reihe "Schriften zum neuen Aktienrecht". Danken möchte ich meinem Arbeitgeber für die Unterstützung infrastruktureller Art sowie Frau Agnes Meyer für die umsichtige Niederschrift des Manuskriptes.

INHALTSVERZEICHNIS

VORWORT.. 3
INHALTSVERZEICHNIS 5
LITERATURVERZEICHNIS 9

1. DAS VERHÄLTNIS VON VERWALTUNGSRAT UND GENERAL-
VERSAMMLUNG.. 13
1.1 Die gesetzliche Ordnung im Überblick 13
1.2 Arten von Generalversammlungen... 14
1.2.1 Konstituierende Generalversammlung 14
1.2.2 Ordentliche Generalversammlung.. 14
1.2.3 Ausserordentliche Generalversammlung 14
1.2.4 Universalversammlung... 14
1.3 Kompetenzabgrenzung zwischen Generalversammlung und Verwaltungsrat.... 15
1.3.1 Grundsätzliches.. 15
1.3.2 Einflussnahme der Generalversammlung auf die Verwaltungstätigkeit 16

2. EINBERUFUNG DER GENERALVERSAMMLUNG 17
2.1 Legitimation zur Einberufung... 17
2.1.1 Grundsatz.. 17
2.1.2 Minderheitsrecht auf Einberufung 17
2.2 Form der Einberufung 17
2.3 Frist der Einberufung.. 18
2.4 Inhalt der Einberufung.. 18
2.4.1 Traktanden 18
2.4.2 Anträge.. 18
2.4.3 Hinweispflichten 19
2.4.4 Anordnungen betreffend Stimmrechtsausübung 19
2.4.5 Sonderprüfungen 20
2.5 Änderung und Widerruf der Einberufung 20
2.5.1 Erläuterungen und Berichtigungen... 20
2.5.2 Änderung der Einberufung 21
2.5.3 Widerruf der Einberufung.. 21
2.6 Mangelhafte Einberufung 21

3. ERSTELLEN DER TRAKTANDENLISTE.. 22
3.1 Allgemeines... 22
3.2 Legitimation zur Aufstellung.. 22
3.2.1 Zuständigkeit des Verwaltungsrates... 22
3.2.2 Minderheitsrecht auf Ansetzung eines Traktandums 22
3.2.3 Generalversammlung selbst 23
3.2.4 Sonderprüfung.. 23

3.3	Inhalt der Traktandenliste	23
3.3.1	Gesetzlich vorgeschriebener Inhalt	23
3.3.2	Statutarisch vorgeschriebener Inhalt	24
4.	TEILNEHMERKREIS	25
4.1	Allgemeines	25
4.2	Teilnahmepflicht des Verwaltungsrates	26
4.3	Teilnahmepflicht der Revisionsstelle	26
4.4	Legitimationsnachweis	27
4.4.1	Grundsätzliches	27
4.4.2	Legitimation bei Namenaktien	28
4.4.3	Legitimation bei Inhaberpapieren	28
4.5	Teilnahme von Nichtaktionären	29
4.5.1	Grundsätzliches	29
4.5.2	Entscheid über die Zulassung	29
4.6	Präsenzliste	30
4.7	Unbefugte Teilnahme	31
5.	STIMMRECHTSVERTRETUNG	32
5.1	Allgemeines	32
5.2	Gesetzliche Vertretung	33
5.3	Gewillkürte Stimmrechtsvertreter	33
5.3.1	Individuelle Stimmrechtsvertretung	33
5.3.2	Depotvertreter	33
5.3.3	Organvertreter	34
5.4	Vertretung bei mehreren Berechtigten	34
5.4.1	Gemeinschaftliches Eigentum	34
5.4.2	Nutzniessung	35
5.4.3	Verpfändung	35
5.5	Weisungsbefolgung	35
5.5.1	Grundsatz	35
5.5.2	Fehlen von Weisungen	36
5.6	Unterlagen für Generalversammlung	36
5.7	Bekanntgabe der Stimmrechtsvertretung	37
5.7.1	Bekanntgabe der Vertretung schlechthin?	37
5.7.2	Meldepflicht der institutionellen Stimmrechtsvertreter	37
5.7.3	Bekanntgabe durch den Vorsitzenden	37
5.7.4	Sanktion bei Unterlassung der Meldepflicht und Bekanntgabe	37
6.	LEITUNG	38
6.1	Allgemeines	38
6.2	Wahl des Vorsitzenden	38
6.3	Befugnisse des Vorsitzenden	39
6.3.1	Allgemeines	39
6.3.2	Eröffnung und Schliessung der Generalversammlung	39
6.3.3	Beschränkung der Redezeit	40
6.3.4	Wortentziehung	41

6.3.5	Saalverweisung	41
6.3.6	Schluss der Diskussion	41
6.3.7	Unterbrechung der Generalversammlung	42
6.3.8	Festlegung der Verhandlungssprache	42
6.4	Verzicht des Vorsitzenden auf seine Befugnisse	42
7.	ABSTIMMUNGSVORGANG	43
7.1	Allgemeines	43
7.2	Pflichten vor der Abstimmung	43
7.2.1	Prüfung der Stimmberechtigung	43
7.2.2	Entscheid über die Stimmberechtigung	45
7.3	Erledigung der Tagesordnung	46
7.3.1	Reihenfolge der Behandlung	46
7.3.2	Absetzung eines Traktandums	46
7.4	Abstimmungsakt	46
7.4.1	Antrag als Grundlage	46
7.4.2	Reihenfolge der Behandlung	47
7.5	Form der Abstimmung	47
7.6	Mehrheitsbeschluss und Quorumsbestimmungen	48
7.6.1	Grundsatz	48
7.6.2	Qualifiziertes Stimmenquorum	50
7.7	Ermittlung und Mitteilung der Stimmenzahl	51
7.7.1	Stimmenzähler	51
7.7.2	Verfahren	51
7.7.3	Stimmengleichheit	51
7.7.4	Mitteilung des Abstimmungsergebnisses	51
7.8	Wiederholung der Abstimmung	52
7.8.1	Aufgrund formeller Fehler	52
7.8.2	Rückkommensantrag	52
8.	AUSKUNFTSRECHTE UND AUSKUNFTSPFLICHTEN	53
8.1	Allgemeines	53
8.2	Auskunftsverpflichtete	53
8.3	Gegenstand	53
8.3.1	Auskunftserteilung durch Verwaltungsrat	53
8.3.2	Auskunftserteilung durch Revisionsstelle	54
8.4	Schranken	54
8.5	Form	55
9.	PROTOKOLLFÜHRUNG	55
9.1	Allgemeines	55
9.2	Form	56
9.2.1	Grundsatz	56
9.2.2	Tonbandaufnahmen	56
9.2.3	Verletzung der Protokollierungspflicht	56
9.2.4	Protokollberichtigung	57
9.3	Inhalt	57

9.4	Genehmigung des Protokolls	58
9.5	Aufbewahrungspflicht	58
9.6	Einsichtsrecht des Aktionärs	59
10.	INFORMATIONSRECHTE UND INFORMATIONSPFLICHTEN NACH DER GENERALVERSAMMLUNG	59
10.1	Offenlegungspflichtige Gesellschaften	59
10.2	Einsichtgewährung bei den übrigen Gesellschaften	59

Anhang 1   Musterdokumente für die Einladung an die Generalversammlung

Anhang 2   Ausgewählte Statutenbestimmungen

Anhang 3   Leitfaden für den Vorsitzenden zur Führung durch die Generalversammlung

Anhang 4   Checkliste für die Durchführung der Generalversammlung

Anhang 5   Musterprotokoll einer Generalversammlung

LITERATURVERZEICHNIS

Bianchi François	Die Traktandenliste der Generalversammlung der Aktiengesellschaft, Zürich 1982
Binder Andreas	Die Verfassung der Aktiengesellschaft, Basel 1987
Böckli Peter	Das neue Aktienrecht, Zürich 1992
Botschaft	Botschaft über die Revision des Aktienrechts vom 23. Februar 1983, BBl 1983, S. 745 ff.
Bürgi Wolfhart	Zürcher Kommentar zum Aktienrecht, Zürich 1957 / 1969
Forstmoser Peter	Organisation und Organisationsreglement nach neuem Aktienrecht, Schriften zum neuen Aktienrecht, Bd. 2, Zürich 1992
Greyerz von Christoph	Die Aktiengesellschaft, in: Schweizerisches Privatrecht, Bd. VIII/2, Basel 1982
Haefliger Peter	Die Durchführung der Generalversammlung bei der Aktiengesellschaft, Bern 1978
Homburger Eric	Leitfaden zum neuen Aktienrecht, Zürich 1991

Jäggi Peter	Von der Beratung an der Generalversammlung der AG, in: Festschrift für Walter Hug, Bern 1968, S. 333 ff. (Beratung)
Jäggi Peter	Vom Abstimmungsverfahren in der AG, in: Festgabe für Max Obrecht, Solothurn 1961, S. 397 ff. (Abstimmungsverfahren)
Müller Marie-Theres	Unübertragbare und unentziehbare Verwaltungsratskompetenzen und deren Delegation an die Generalversammlung, in: AJP 1 (1992), S. 531 ff.
Nobel Peter	Klare Aufgaben für den Verwaltungsrat, in: Der Schweizer Treuhänder 1991, S. 531 ff.
RHB	Revisionshandbuch der Schweiz 1992, 2 Bde.
Schett Alfred	Stellung und Aufgaben der Verwaltung einer Aktiengesellschaft bei der Durchführung der ordentlichen Generalversammlung, Diessenhofen 1977
Schluep Walter	Die wohlerworbenen Rechte des Aktionärs und ihr Schutz nach schweizerischem Recht, St. Gallen 1955
Schmitt Petra	Das Verhältnis zwischen Generalversammlung und Verwaltung in der Aktiengesellschaft, Zürich 1991

Schucany E.	Kommentar zum schweizerischen Aktienrecht, 2. Auflage, Zürich 1960
Sprüngli Luzius	Die neue Rolle des Verwaltungsrates, Bern 1990
Steiger von Fritz	Das Recht der Aktiengesellschaft in der Schweiz, 4. Auflage, Zürich 1970
Tanner Brigitte	Neuerungen für die Beschlussfassung in der Generalversammlung, in: AJP 1 (1992), S. 765 ff.
Tanner Brigitte	Quoren für die Beschlussfassung in der Aktiengesellschaft, Zürich 1987
Wydler Theodor	Die Protokollführung im schweizerischen Aktienrecht, Winterthur 1956
Zäch/Schleiffer	Statutarische qualifizierte Quoren, in: SZW 1992, S. 263 ff.
Zindel/Honegger/ Isler/Benz	Statuten nach neuem Aktienrecht, Schriften zum neuen Aktienrecht, Bd. 1, Zürich 1992

Im weiteren vergleiche die Literaturübersicht zum neuen Aktienrecht in AJP 1 (1992), S. 821 ff.

1. DAS VERHÄLTNIS VON VERWALTUNGSRAT UND GENERALVERSAMMLUNG

1.1 Die gesetzliche Ordnung im Überblick

Das revidierte Aktienrecht übernimmt den Satz "Oberstes Organ der Aktiengesellschaft ist die Generalversammlung der Aktionäre" unverändert [1].

Auch die übrigen Bestimmungen sind im wesentlichen unverändert [2]. Nach Art. 698 Abs. 2 OR stehen der Generalversammlung folgende unübertragbare Befugnisse zu:

1. die Festsetzung und Änderung der Statuten;

2. die Wahl der Mitglieder des Verwaltungsrates und der Revisionsstelle [3];

3. die Genehmigung des Jahresberichts und der Konzernrechnung;

4. die Genehmigung der Jahresrechnung sowie die Beschlussfassung über die Verwendung des Bilanzgewinns, insbesondere die Festsetzung der Dividende und Tantième;

5. die Entlastung der Mitglieder des Verwaltungsrates;

6. die Beschlussfassung über die Gegenstände, die der Generalversammlung durch das Gesetz oder die Statuten vorbehalten sind.

---

[1] Art. 698 Abs. 1 OR; zur Bedeutung dieser Aussage vgl. Ziff. 1.3.
[2] Böckli, Rz 1257; Homburger, S. 80.
[3] evtl. der Konzernrechnungsprüfer.

1.2 Arten von Generalversammlungen

1.2.1 Konstituierende Generalversammlung

Die Gründer erklären in öffentlicher Urkunde, eine Aktiengesellschaft zu gründen. In dieser Versammlung müssen ferner die Organe gewählt und die Statuten festgelegt werden [4].

1.2.2 Ordentliche Generalversammlung

Die ordentliche Generalversammlung ist die einmal jährlich, spätestens sechs Monate nach Geschäftsabschluss stattfindende Generalversammlung der Aktionäre [5].

1.2.3 Ausserordentliche Generalversammlung

Ausserordentliche Generalversammlungen werden je nach Bedürfnis einberufen [6]. Das Einberufungsrecht steht auch der Revisionsstelle, den Liquidatoren, den Vertretern der Anleihensgläubiger oder den Aktionären, welche zehn Prozent des Aktienkapitals vertreten, zu [7].

1.2.4 Universalversammlung

Die Eigentümer oder Vertreter sämtlicher Aktien können, falls kein Widerspruch erhoben wird, eine Generalversammlung ohne Einhaltung der für die Einberufung vorgeschriebenen Formvorschriften abhalten [8].

---

[4]   Art. 629 Abs. 1 OR.
[5]   Art. 699 Abs. 2 OR.
[6]   Art. 699 Abs. 2 OR.
[7]   Art. 699 Abs. 1 und Abs. 3 OR; Art. 729b OR.
[8]   Art. 701 OR.

1.3 Kompetenzabgrenzung zwischen Generalversammlung und Verwaltungsrat

1.3.1 Grundsätzliches

Das revidierte Aktienrecht regelt das Verhältnis zwischen "Generalversammlung" und "Verwaltungsrat" präziser und zum Teil zwingend [9].

Die Generalversammlung ist das oberste Organ. Dies hält auch das revidierte Aktienrecht weiter fest und weist ihr unübertragbare Befugnisse zu [10].

Der Verwaltungsrat andererseits ist das geschäftsführende Organ. Neben unübertragbaren und unentziehbaren Aufgaben, wie

1. Oberleitung der Gesellschaft und Erteilung der nötigen Weisungen;

2. Festlegung der Organisation;

3. Ausgestaltung des Rechnungswesens, der Finanzkontrolle sowie der Finanzplanung, sofern diese für die Führung der Gesellschaft notwendig ist;

4. die Ernennung und Abberufung der mit der Geschäftsführung betrauten Personen;

5. die Oberaufsicht über die mit der Geschäftsführung betrauten Personen, namentlich im Hinblick auf die Befolgung der Gesetze, Statuten, Reglemente und Weisungen;

---

[9] Forstmoser, S. 7 ff. und 17 ff.
[10] vgl. Ziff 1.1.

6. die Erstellung des Jahresberichts sowie die Vorbereitung der Generalversammlung und die Ausführung ihrer Beschlüsse;

7. die Benachrichtigung des Richters im Falle der Überschuldung;

weist Art. 716 Abs. 1 OR eine Kompetenzvermutung zugunsten des Verwaltungsrates aus, denn er kann in allen Angelegenheiten Beschluss fassen, die nicht nach Gesetz oder Statuten der Generalversammlung zugeteilt sind [11].

Demnach sind jedem der beiden Organe unentziehbare Aufgaben zugewiesen; somit ist das Paritätsprinzip verankert [12].

1.3.2 Einflussnahme der Generalversammlung auf die Verwaltungstätigkeit

Die Generalversammlung soll nicht beliebig in die Geschäftsführung eingreifen dürfen, ebensowenig wie die Verwaltung den Entscheid über ihr zwingend zugewiesene Aufgaben an die Generalversammlung delegieren kann [13].

Dem Verwaltungsrat sollte es jedoch nicht verwehrt sein, Einzelentscheide von grundlegender Bedeutung der Generalversammlung zu überlassen [14].

---

[11]   vgl. Böckli, Rz 1519 ff.; Nobel, S. 532.
[12]   Böckli, Rz 1256; Forstmoser, S. 16; vgl. zu den verschiedenen Theorien Schmitt, S. 40 ff.
[13]   ausführlich Forstmoser, S. 19 ff.; Müller, S. 784 ff.
[14]   Forstmoser, S. 22 ff., insb. S. 22, postuliert eine verhältnismässig weitgehende Einwirkungsmöglichkeit der Generalversammlung bei grundlegenden geschäftspolitischen Entscheiden; nach Müller, S. 787, braucht es keine statutarische Grundlage, wobei die Aktionäre jedoch frei seien, über die Angelegenheit Beschluss zu fassen oder nicht.

2. EINBERUFUNG DER GENERALVERSAMMLUNG

2.1 Legitimation zur Einberufung

2.1.1 Grundsatz

Der Verwaltungsrat hat die gemeinsame Verantwortung [15] für die Vorbereitung der Generalversammlung, wozu auch die Einberufung gehört [16]. Dies ist in Art. 699 Abs. 1 OR verdeutlicht [17].

2.1.2 Minderheitsrecht auf Einberufung

Eine Gruppe von Aktionären, die zusammen mindestens 10 % des Aktienkapitals vertritt, kann die Einberufung einer Generalversammlung verlangen [18]. Das Begehren ist nur gültig, wenn gleichzeitig die konkreten Verhandlungsgegenstände als auch die Anträge schriftlich beim Verwaltungsrat angemeldet werden [19].

2.2 Form der Einberufung

Mit der Einberufung ist eine direkte Kenntnisgabe der Einladung mit Traktanden und Anträgen an die Aktionäre notwendig: durch Zustellung an die registrierte Adresse bei Namenaktien, durch Publikation bei Inhaberaktien. Die Gesellschaft ist dazu ausdrücklich verpflichtet [20].

---

[15] vgl. Forstmoser, S. 10 (betreffend Geschäftsführung).
[16] Art. 716a Abs. 1 Ziff. 6 OR.
[17] Das Einberufungsrecht steht gegebenenfalls auch der Revisionsstelle, den Liquidatoren und den Vertretern der Anleihensgläubiger zu (Art. 699 Abs. 1 OR).
[18] Art. 699 Abs. 3 OR; Aktionäre, die Aktien im Nennwerte von einer Million Franken vertreten, haben von Gesetzes wegen nur ein Traktandierungsrecht (vgl. Ziff. 3.2.2).
[19] Art. 700 Abs. 2 OR; vgl. Böckli, Rz 1271 f.; vgl. Anhang 2 Ziff. 3.
[20] Böckli, Rz 1280.

Dagegen ist der Geschäftsbericht [21] nicht von Gesetzes wegen der Einberufung beizulegen [22]. Eine freiwillige Beilage steht dem Gesetz jedoch nicht entgegen [23].

2.3 Frist der Einberufung

Die Statuten müssen Bestimmungen über die Einberufung und Form der Bekanntmachung enthalten [24]. Darin kann die gesetzliche Mindestfrist aufgenommen oder die Frist kann verlängert, aber nicht verkürzt werden. Nach Gesetz muss die Einberufung spätestens 20 Kalendertage vor dem Tag der Versammlung versandt bzw. veröffentlicht werden.

2.4 Inhalt der Einberufung

Das Schriftstück der Einberufung muss diverse Punkte enthalten [25].

2.4.1 Traktanden

Alle Verhandlungsgegenstände müssen angegeben [26] und für einen durchschnittlichen Aktionär verständlich sein [27].

2.4.2 Anträge

Nach neuem Recht sind alle Anträge des Verwaltungsrates schriftlich bekanntzugeben [28]. Es genügt nicht, auf ein Dokument

---

[21] Jahresrechnung mit Erfolgsrechnung, Bilanz, Anhang sowie Jahresbericht und Revisionsbericht (und zusätzlich evtl. Konzernrechnung).
[22] Art. 696 Abs. 1 OR.
[23] vgl. Ziff. 2.4.3.
[24] Art. 626 Ziff. 5 und 7 OR.
[25] vgl. Anhang 1 und 2, Ziff. 2.
[26] vgl. zum Traktandierungsrecht Ziff. 3.2.
[27] BGE 103 II 141.
[28] ebenso diejenigen Anträge gemäss Art. 699 Abs. 3 OR (vgl. Ziff. 2.1.2 und 3.2.2).

zu erweisen oder den Antrag in einem einzigen Stichwort zusammenzufassen, sofern dieses nicht genügend aussagekräftig ist.

Es steht dem Verwaltungsrat frei, seine Anträge zu begründen bzw. zu erläutern, sei dies im Einberufungsdokument oder in einer separaten Beilage bzw. Publikation [29].

Der Verwaltungsrat ist dagegen in der Regel nicht verpflichtet, Begründungen von Aktionären weiterzuleiten oder zu publizieren; ausgenommen sind diejenigen Anträge der Aktionäre, welche die Durchführung einer Generalversammlung oder die Traktandierung eines Verhandlungsgegenstandes verlangt haben [30].

2.4.3 Hinweispflichten

Aufgrund von Art. 696 Abs. 1 und 2 OR sind die Aktionäre zu unterrichten, dass

- spätestens 20 Tage vor der ordentlichen Generalversammlung der Geschäftsbericht und der Revisionsbericht am Gesellschaftssitz zur Einsicht aufliegt;
- ihnen auf Wunsch unverzüglich eine Ausfertigung dieser Unterlagen zugestellt wird.

2.4.4 Anordnungen betreffend Stimmrechtsausübung

Gemäss Art. 702 Abs. 1 OR trifft der Verwaltungsrat die für die Festlegung der Stimmrechte erforderlichen Anordnungen. Es handelt sich um administrative Regeln zur ordnungsgemässen

---

[29] Böckli, Rz 1288.
[30] vgl. Art. 700 Abs. 2 OR; Böckli, Rz 1287; Tanner, S. 760 mit weiteren Hinweisen.

Kontrolle und Abwicklung der Generalversammlung. Dazu gehören Anordnungen betreffend [31]

- Festlegung eines Stichtages [32] für die Teilnahme- und Stimmberechtigung gemäss Aktienbuch von Namenaktionären;

- Vorschriften bezüglich Hinterlegung von Inhaberaktien;

- Regeln über die individuelle Stimmrechtsvertretung sowie die Depot- und Organvertretung mit der Bezeichnung einer unabhängigen Person;

- Abgabe von Zutrittskarten.

2.4.5 Sonderprüfungen

Der Auffassung von Böckli [33] ist beizupflichten, dass ein Begehren um Anordnung einer Sonderprüfung, wenn es dem Verwaltungsrat rechtzeitig zur Kenntnis gebracht wird, in der Einberufung bekanntzugeben ist.

2.5 Änderung und Widerruf der Einberufung [34]

2.5.1 Erläuterungen und Berichtigungen

Präzisierungen oder sinnerläuternde Berichtigungen, die materiell nichts Wesentliches ändern, sind bis zum Beginn der Generalversammlung noch möglich.

---

[31]   vgl. Böckli, Rz 1293.
[32]   Ob ein solcher Stichtag zulässig ist und - wenn ja - wieweit vor die Generalversammlung er gelegt werden kann ist in der Lehre umstritten, in der Praxis allerdings oft geübt.
[33]   Rz 1297.
[34]   vgl. zum folgenden Böckli, Rz 1306 ff.

2.5.2 Änderung der Einberufung

Es ist unzulässig, Verhandlungsgegenstände innerhalb der gesetzlichen - evtl. längeren statutarischen - Einberufungsfrist nachzuschieben oder Traktanden zu erweitern.

Anträge dagegen können, falls sie in guten Treuen und aus sachlichen Gründen erfolgen, selbst in der Generalversammlung noch geändert werden [35].

2.5.3 Widerruf der Einberufung

Aufgrund der Leitungsfunktion des Verwaltungsrates muss es angehen, die Generalversammlung abzusagen oder zu verschieben, wenn triftige Gründe dafür sprechen, dass eine vernünftige Meinungsbildung nicht möglich ist.

2.6 Mangelhafte Einberufung

Das revidierte Aktienrecht enthält keine neuen Vorschriften.

Die Verletzung der Einberufungsvorschriften führen im Zweifel nicht zur Nichtigkeit, sondern zur Anfechtbarkeit; dieses Recht erlischt, wenn die Klage nicht spätestens zwei Monate nach der Generalversammlung angehoben wird. So ist ein Beschluss bloss anzufechten, wenn das Traktandum nicht hinreichend klar ist oder das Traktandum den Beschlussgegenstand nicht vollständig abdeckt [36].

Nichtigkeit dürfte gegeben sein, wenn die Einberufungsfrist verletzt worden ist, die Einberufung ohne Angabe von Verhandlungsgegenständen oder ohne Ort und Zeit der Versammlung erfolgt [37]. Nichtigkeit ergibt sich somit nur bei offensichtlichen und schwerwiegenden Mängeln.

---

(35)   vgl. Tanner, S. 766.
(36)   BGE 103 II 141.
(37)   vgl. Böckli, Rz 1303.

3. ERSTELLEN DER TRAKTANDENLISTE

3.1 Allgemeines

Das Gesetz unterscheidet in Art. 700 Abs. 2 OR Verhandlungsgegenstände und Anträge, welche beide in der Einladung bekanntzugeben sind. Inhaltlich unterscheidet sich der Antrag vom Traktandum in der Regel durch seine grössere Ausführlichkeit, bzw. seine Konkretisierung des Verhandlungsgegenstandes. Der Antrag muss sich jedoch innerhalb des vom Traktandum gegebenen Rahmens befinden, da die Generalversammlung über Anträge zu nicht gehörig angekündigten Verhandlungsgegenständen keine Beschlüsse fassen kann [38].

3.2 Legitimation zur Aufstellung

3.2.1 Zuständigkeit des Verwaltungsrates

Die gesamte Vorbereitung der Generalversammlung gehört zum Aufgabenkreis des Verwaltungsrates [39]. Darin eingeschlossen ist die Pflicht zur Aufstellung der Traktandenliste [40].

3.2.2 Minderheitsrecht auf Ansetzung eines Traktandums

Aktionäre, die Aktien im Nennwert von einer Million Franken vertreten, können die Traktandierung eines Verhandlungsgegenstandes verlangen [41]. Wie bei der Einberufung durch eine Minderheit wird schriftliche Angabe des Verhandlungsgegenstandes und des konkreten Antrages verlangt.

---

[38] Art. 700 Abs. 3 OR.
[39] Art. 716a Abs. 1 Ziff. 6 OR, vgl. auch Ziff. 2.1.1.
[40] Bianchi, S. 33.
[41] Art. 699 Abs. 3 OR.

Das Begehren muss rechtzeitig erfolgen, damit der Verwaltungsrat die Einberufungsunterlagen ergänzen kann [42]. Da das Gesetz keine Frist enthält, empfiehlt es sich, eine entsprechende Statutenbestimmung aufzunehmen [43]. Vorstellbar ist auch eine entsprechende Aufforderung zur Einreichung bis zu einem gewissen Zeitpunkt im Publikationsorgan der Gesellschaft.

3.2.3 Generalversammlung selbst

Nach Art. 700 Abs. 3 kann jede rechtsgültig tagende Generalversammlung die Einberufung einer ausserordentlichen Generalversammlung beschliessen. Es darf angenommen werden, dass die Generalversammlung auch ein verbindliches Recht besitzt, dem Verwaltungsrat die Tagesordnung einer kommenden Generalversammlung vorzuschreiben [44].

3.2.4 Sonderprüfung

Jeder Aktionär kann der Generalversammlung die Durchführung einer Sonderprüfung beantragen, sofern dies zur Ausübung der Aktionärsrechte erforderlich ist und er das Recht auf Auskunft oder das Recht auf Einsicht ausgeübt hat [45]. Es ist nicht notwendig, dass der Antrag auf Durchführung einer Sonderprüfung traktandiert wurde [46].

3.3 Inhalt der Traktandenliste

3.3.1 Gesetzlich vorgeschriebener Inhalt

Welche Verhandlungsgegenstände nach Art. 700 Abs. 2 OR gemeint sind, erläutert das Gesetz nicht explizit. Art. 698 Abs. 2 OR

---

[42] vgl. Böckli, Rz 1274.
[43] Tanner, S. 767 mit weiteren Hinweisen; vgl. Anhang 2, Ziff. 2.
[44] vgl. Bianchi, S. 42, 52, 73 mit weiteren Hinweisen.
[45] vgl. Art. 697a ff. OR.
[46] vgl. Art. 700 Abs. 3 OR.

regelt aber zumindest die unübertragbaren Befugnisse der Generalversammlung.

3.3.2 Statutarisch vorgeschriebener Inhalt

Die meisten Statuten wiederholen wortwörtlich oder sinngemäss den Gesetzestext. Denkbar wäre aber eine Konkretisierung bzw. Erweiterung des Inhalts der Traktandenliste [47].

In der Regel findet man folgende Traktanden [48] [49]:

- Entgegennahme des Jahresberichts und des Revisionsberichts;

- Genehmigung der Jahresrechnung;

- Beschlussfassung über die Verwendung des Jahresergebnisses;

- Déchargeerteilung an Verwaltungsrat und Geschäftsleitung;

  die Déchargeerteilung bzw. -verweigerung kann in globo oder für jedes einzelne Mitglied des Verwaltungsrates oder der Geschäftsleitung erfolgen. Der Betroffene hat sich seiner Stimme zu enthalten.

Problematisch ist die Déchargeerteilung in den Fällen, in denen sämtliche Aktionäre im Verwaltungsrat bzw. an der Geschäftsleitung beteiligt sind. Die herrschende Lehre nimmt keine Entlastungsmöglichkeit für die anderen Verwaltungsräte an.

Die Décharge kann auch der Revisionsstelle erteilt werden.

---

[47] z.B. Ermächtigung der Generalversammlung, über alle Geschäfte, die ihr von der Verwaltung vorgelegt werden, abzustimmen.
[48] vgl. Anhang 1.
[49] zur Genehmigung des Protokolls vgl. Ziff. 9.4.

- Wahl des Verwaltungsrates und der Revisionsstelle (evtl. Konzernrevisionsstelle);

  hier gilt es zu beachten, ob eine Neuwahl, Wiederwahl oder Ersatzwahl vorzunehmen ist.

- Verschiedenes.

  Unter diesem Traktandum dürfen nur Mitteilungen und Erläuterungen ohne Beschlussfassung [50] aufgeführt sein, z.B. alle Begehren von Aktionären um Auskunft und die darauf vom Verwaltungsrat erteilten Antworten oder alle von den Aktionären zu Protokoll gegebenen Erklärungen, sofern sie nicht einem bestimmten Traktandum zuzuordnen sind.

4. TEILNEHMERKREIS

4.1 Allgemeines

Jeder Aktionär ist berechtigt, an der Generalversammlung teilzunehmen. Dieses Teilnahmerecht gilt als wohlerworbenes Recht, d.h. es kann dem Aktionär weder durch die ursprünglichen noch durch die abgeänderten Statuten entzogen werden [51].

Eine Einschränkung oder Suspendierung kann nur dann erfolgen, wenn ein offensichtlicher Rechtsmissbrauch vorliegt [52]. Dagegen bedeutet der Ausschluss vom Stimmrecht [53] nicht

---

[50] ausgenommen ein Antrag auf Durchführung einer ausserordentlichen Generalversammlung oder auf Durchführung einer Sonderprüfung (vgl. Ziff. 3.2.3 und 3.2.4).
[51] Bürgi, N. 2 zu Art. 689 OR; von Greyerz, S. 148.
[52] vgl. Ziff. 6.3.
[53] sei es kraft Gesetzes (z.B. Décharge) oder kraft statutarischer Bestimmungen.

denjenigen aus der Generalversammlung [54], ausser bei Namenaktionären ohne Stimmrecht [55].

4.2 Teilnahmepflicht des Verwaltungsrates

Das revidierte Aktienrecht kennt keine spezielle Norm, die den Verwaltungsrat zur Teilnahme an der Generalversammlung verpflichtet. Eine Teilnahmepflicht wird aber aus der Auskunftspflicht des Verwaltungsrates an der Generalversammlung abgeleitet [56].

Es ist jedoch nicht notwendig, dass der gesamte Verwaltungsrat anwesend ist. Einzelne Mitglieder können durchaus infolge Geschäftsreisen, Unfall, Krankheit, Ferien, Militärdienst und dgl. abwesend sein. Es muss jedoch sichergestellt sein, dass die übrigen Verwaltungsratsmitglieder die Geschäfte der Generalversammlung ordnungsgemäss abwickeln können. Insbesondere sind sie verpflichtet, sich selbst die nötigen Kenntnisse zu erarbeiten oder sich die notwendigen Instruktionen geben zu lassen [57]. Dies gilt um so mehr, wenn aufgrund eines Organisationsreglements ein sog. ressortierter Verwaltungsrat existiert, d.h. wenn einzelne Mitglieder einzelne Funktionsbereiche der Unternehmung direkt enger betreuen oder innerhalb des Verwaltungsrates für bestimmte Aufgabenbereiche zuständig sind [58].

4.3 Teilnahmepflicht der Revisionsstelle

Das revidierte Aktienrecht misst der Anwesenheit der Revisoren an der Generalversammlung grösseres Gewicht bei als das

---

[54] von Greyerz, S. 148.
[55] vgl. Art. 685f Abs. 2 OR; Böckli, Rz 657.
[56] Schluep, S. 178.
[57] Schett, S. 32.
[58] vgl. Sprüngli, S. 228.

alte [59]. Art. 729c Abs. 1 OR hält ausdrücklich fest, dass ein Revisor anwesend sein muss, ansonsten die Jahresrechnung nicht angenommen und über die Verwendung des Bilanzgewinns nicht beschlossen werden kann. Die Nichtteilnahme der Revisoren hat die Anfechtbarkeit der Abnahmebeschlüsse zur Folge [60].

Neu ist allerdings in Art. 729c Abs. 3 OR festgehalten, dass die Generalversammlung durch einstimmigen Beschluss auf die Anwesenheit der Revisionsstelle verzichten kann [61]. Dieser Verzicht kann m.E. nicht für die Zukunft ausgesprochen werden, d.h. der Verzicht gilt nur für die aktuelle Generalversammlung. Die Revisionsstelle hat nicht zuletzt in kleineren Gesellschaften eine unentbehrliche Funktion, welche sich von Jahresabschluss zu Jahresabschluss ändern kann.

4.4 Legitimationsnachweis

4.4.1 Grundsätzliches

Der Verwaltungsrat hat die Pflicht, die formelle Legitimation zur Teilnahme der Aktionäre an der Generalversammlung zu prüfen.

Zu diesem Zweck gibt der Verwaltungsrat den Aktionären die Anforderungen an den Legitimationsnachweis gemäss statutarischen Publikationsvorschriften bekannt.

Der Verwaltungsrat hat über allfällige Streitigkeiten betreffend ordnungsgemässen und rechtzeitigen Ausweis zu entscheiden, obliegt ihm doch die gesamte Vorbereitung der Generalversammlung.

---

[59] Nach Art. 729 Abs. 4a OR war die Kontrollstelle nur "gehalten", der ordentlichen Generalversammlung beizuwohnen.
[60] Art. 729c Abs. 2 OR.
[61] vgl. als Beispiel einer Verzichtserklärung RHB, S. 358.

4.4.2 Legitimation bei Namenaktien

Nach Art. 686 Abs. 4 und Art. 689a Abs. 1 OR gilt im Verhältnis zur Gesellschaft nur derjenige als Aktionär, der im Aktienbuch eingetragen ist [62] [63]. Dieser Nachweis ist unabdingbar; daran dürfen aber keine weiteren Bedingungen geknüpft werden [64].

Die Legitimation erfolgt regelmässig vor der Generalversammlung. An dieser selbst haben die Aktienvertreter eine persönliche Eintrittskarte vorzuweisen. Damit die Versendung der Eintrittskarte speditiv und fristgerecht erfolgen kann, werden oft während ca. 20 Tagen vor und einen Tag nach der Generalversammlung keine Übertragungen von Namenaktien im Aktienbuch vorgenommen [64a].

4.4.3 Legitimation bei Inhaberpapieren

Die Mitgliedschaftsrechte aus Inhaberaktien kann ausüben, wer sich als Besitzer ausweist, indem er die Aktien vorlegt; der Verwaltungsrat kann allerdings gemäss Art. 689 Abs. 2 OR eine andere Art des Besitzausweises anordnen, beispielsweise durch Hinterlegung.

[62] Demnach sind auch sog. "Buchaktionäre" einzuladen, d.h. solche Aktionäre, welche ihre Titel nicht mehr im Eigentum haben. Das Aktienbuch gibt somit keine materiell-rechtliche Auskunft darüber, wer Aktionär ist, sondern nur darüber, wer als Aktionär gilt.

[63] Ein selbständiges Eintragungsrecht der Gesellschaft wird von Bürgi abgelehnt. Diese Aussage ist m.E. jedoch dahingehend zu relativieren, dass dem Verwaltungsrat durchaus ein selbständiges Eintragungsrecht zusteht: Hat der Verwaltungsrat genügend sichere Kenntnisse über die Eigentumsverhältnisse, kann er die Eintragung vornehmen, kommt doch dem Eintrag keine konstitutive Wirkung zu (z.B. ein Verwaltungsrat begründet Gütergemeinschaft mit seiner Ehegattin).

[64] M.E. dürfen dem Namenaktionär jedoch zur ordnungsgemässen Durchführung der Generalversammlung weitere Pflichten auferlegt werden, z.B. Bestellung der Eintrittskarte mittels Antwortschein und dgl.

[64a] Böckli, Rz 1293. Die Zulässigkeit solcher Stichtagsfestlegungen wird zu Recht, insbesondere bei überschaubaren Verhältnissen, in Frage gestellt (vgl. NZZ vom 3. März 1993, S. 38).

4.5 Teilnahme von Nichtaktionären

4.5.1 Grundsätzliches

An der Generalversammlung können grundsätzlich nur Aktionäre oder deren Vertreter teilnehmen [65]. Selbstverständlich ist es möglich, dass Statuten ein Teilnahmerecht für Nichtaktionäre vorsehen. Jeder Aktionär ist in diesem Fall verpflichtet, die Teilnahme Dritter zu dulden. Der Inhalt des Teilnahmerechts ist jedoch auf die blosse Anwesenheit beschränkt [66].

Auch kann der Aktionär nicht verlangen, dass sein Beistand wie Rechtsanwalt, Treuhänder, Finanzberater u.a. zur Generalversammlung zugelassen wird [67].

In der Praxis ist die Anwesenheit von Hilfspersonen - meist Angestellte - zur Erfüllung der dem Verwaltungsrat überbundenen Versammlungsleitung unumgänglich.

4.5.2 Entscheid über die Zulassung

Wer entscheidet über die Zulassung von Nichtaktionären wie Journalisten, Sachverständige, Ehegatte des Aktionärs u.a.? Die Frage der Zuständigkeit ist nicht geregelt. M.E. ist der Auffassung von Schett zuzustimmen [68], wonach der Verwaltungsrat bzw. der Versammlungsleiter hiefür allein als kompetent zu betrachten ist. Wird die Generalversammlung befragt, so ist

---

[65] Ein gesetzliches Teilnahmerecht steht den Vertretern der Gläubigergemeinschaft gemäss Art. 1160 OR zu.

[66] Schluep, S. 148.

[67] Der Aktionär kann die Teilnahme unter Beachtung der statutarischen Bestimmungen (z.B. Vinkulierung, Beschränkung der Stellvertretungsmöglichkeit) dadurch erreichen, dass er ihn als Stellvertreter bestimmt oder ihm eine Aktie fiduzarisch überträgt.

[68] Schett, S. 34 f.; vgl. auch von Steiger, S. 52; Schluep, S. 148.

deren Aussage nur eine unverbindliche Meinungsäusserung (69).

Wie ist materiell zu entscheiden? Als Entscheidungsgrundlage ist einerseits die Grösse des Aktionariats, andererseits die Natur des Verhandlungsgegenstandes zu berücksichtigen. Bei kleineren Aktiengesellschaften können unter Umständen Gesellschaftsgeheimnisse zur Sprache kommen. Zudem besteht häufig Identität zwischen Verwaltungsrat und Aktionariat. Dagegen stellt die Anwesenheit vor allem von Pressevertretern bei Publikumsgesellschaften in der Regel eine Selbstverständlichkeit dar.

4.6 Präsenzliste

Der Sinn einer Präsenzliste liegt in erster Linie darin, über die Gesamtzahl der Aktionäre und die von ihnen vertretenen Aktien Auskunft zu geben, wie es die gesetzliche Pflicht zur Angabe der Vertretungsverhältnisse verlangt (70).

Die Präsenzliste kann zum grössten Teil schon vor der Generalversammlung vorbereitet werden, sei es aufgrund des Aktienbuchs bei Namenaktionären oder Bescheinigungen über die Abgabe von Eintrittskarten.

Gegenüber der Gesellschaft kann die Anonymität der Inhaberaktionäre allerdings nicht aufgehoben werden (71), d.h. sie müssen ihre Namen nicht bekanntgeben. Sie sind nur mit ihrer Stimmkraft zu registrieren. Immerhin ergibt sich darüber Aufschluss, ob und inwieweit ein Teilnehmer seine Stimmkraft selber ausübt oder sich vertreten lässt.

---

(69) vgl. Ziff. 6.
(70) Art. 702 Abs. 2 Ziff. 1 OR.
(71) Haefliger, S. 69; Schett, S. 41.

Die Teilnehmerliste muss immer eingangs der Generalversammlung überprüft, berichtigt und ergänzt werden.

Üblicherweise wird die Teilnehmerliste durch das Büro des Verwaltungsrates unterzeichnet.

Die Liste ist gemäss Lehre den Aktionären zur Einsicht aufzulegen [72]. M.E. trifft dies nicht zu, wenn die Präsenzliste reine Kontrollfunktionen für die Beschlussfassung und die Wahlen gemäss Art. 702 Abs. 2 OR wahrnimmt. Allerdings ist zu betonen, dass keine Pflicht zur Führung einer Präsenzliste besteht. Die Errichtung einer Präsenzliste erübrigt sich allerdings nicht - auch wenn ausschliesslich mittels Stimmkarte abgestimmt wird - wenn bestimmte Quoren [73] erfüllt sein müssen.

4.7 Unbefugte Teilnahme

Bei unberechtigter Teilnahme von Personen an der Generalversammlung ist jeder Aktionär befugt, dagegen beim Verwaltungsrat oder zu Protokoll der Generalversammlung Einspruch zu erheben [74]. Der Einspruch kann vor oder nach der Generalversammlung erhoben werden.

Haben Personen, die zur Teilnahme an der Generalversammlung nicht befugt sind, bei einem Beschluss mitgewirkt, so kann jeder Aktionär, auch wenn er nicht Einspruch erhoben hat, diesen Beschluss anfechten, sofern die beklagte Gesellschaft nicht nachweisen kann, dass die Mitwirkung keinen Einfluss auf die Beschlussfassung ausgeübt hatte [75]. Die Anwesenheit von z.B. Gästen, Journalisten u.a. Nichtaktionären dürfte die geforderte

---

[72] von Steiger, S. 191; Schett, S. 42; Haefliger, S. 69.
[73] vgl. Ziff. 7.6; a.M. Haefliger, S. 70.
[74] Art. 691 Abs. 2 OR.
[75] Art. 691 Abs. 3 OR.

Kausalität nicht erfüllen (76), insbesondere wenn die Generalversammlung der Zulassung zugestimmt hat.

Die blosse Teilnahme eines Nichtaktionärs an der Generalversammlung stellt somit grundsätzlich keinen Anfechtungsgrund dar. Wurde jedoch die Beschlussfassung mittelbar oder unmittelbar beeinflusst, beispielsweise durch Teilnahme an der Diskussion, so ist eine Anfechtung möglich.

Das Anfechtungsrecht erlischt jedoch, falls nicht innert zwei Monaten nach der Generalversammlung die Anfechtungsklage eingereicht wird (77).

5. STIMMRECHTSVERTRETUNG

5.1 Allgemeines

Der Aktionär kann seine Aktien in der Generalversammlung durch einen Dritten vertreten lassen, der unter Vorbehalt abweichender statutarischer Vorschriften nicht Aktionär zu sein braucht (78).

Das Vertretungsrecht des Aktionärs darf in den Statuten nicht aufgehoben (79), bezüglich der Person des Vertreters aber beschränkt werden. Zulässig sind Beschränkungen des Vertretungsrechts auf einen anderen Aktionär (80) sowie statutarischen Erschwerungen hinsichtlich Nationalität, Religion oder dgl. (81).

---

(76) Journalisten und Nichtaktionäre wirken bei der Beschlussfassung nicht mit; vgl. Schett S. 36.
(77) Art. 706a OR.
(78) Art. 689 Abs. 2 OR.
(79) Bürgi, N. 17 f. zu Art. 689 OR; Schucany, N. 2 zu Art. 689 OR.
(80) Häufig findet man die Formulierung: "Namenaktionäre können nur durch Namenaktionäre vertreten werden". Die Beschränkung des Vertretungsrechts bei Inhaberaktien auf andere Aktionäre erscheint als zu einengend.
(81) Bürgi, N. 21 zu Art. 689; von Greyerz, S. 148.

5.2 Gesetzliche Vertretung

Die gesetzliche Vertretung ist nicht von Bedeutung bei Inhaberaktien, da der gesetzliche Vertreter durch den blossen Besitz für die Zulassung legitimiert ist. Bei Namenaktien bedürfen keiner Vollmacht [82]: etwa der Inhaber der elterlichen Gewalt [83], der Vormund, Beistand oder Beirat [84], aber ebenso der Testamentsvollstrecker [85] oder die Konkursverwaltung [86].

5.3 Gewillkürte Stimmrechtsvertreter

5.3.1 Individuelle Stimmrechtsvertretung

Der Vertreter bedarf einer Vollmacht, im Falle der Namenaktien gemäss Art. 689a Abs. 1 OR ausdrücklich einer schriftlichen. Für die Gesellschaft ist das Innenverhältnis zwischen Aktionär und Vertreter, beispielsweise Auftrag oder Arbeitsverhältnis, in der Regel von keiner Bedeutung [87] [88].

5.3.2 Depotvertreter

Das Gesetz hält in Art. 689d Abs. 3 fest, wer Depotvertreter ist, nämlich die dem Bundesgesetz über die Banken und Sparkassen unterstellten Institute sowie gewerbsmässige Vermögensverwalter. Zu letzteren gehören beispielsweise Effektenhändler wie auch Personen, die dem Anleger ihre Dienstleistungen anbieten, professionell Vermögen von Dritten verwalten und über eine entsprechende Organisation verfügen [89].

---

[82] vgl. Bürgi, N. 27 zu Art. 689 OR; Schucany, N. 2 zu Art. 689 OR.
[83] Art. 279 ZGB.
[84] Art. 367, 392 ff. ZGB.
[85] Art. 554 ZGB.
[86] Art. 240 SchKG.
[87] Art. 689b Abs. 1 OR; vgl. Schett, S. 27.
[88] Von Bedeutung können die Vertretungsverhältnisse bei Vinkulierungsbestimmungen sein, welche den Aktienbesitz auf einem gewissen Prozentsatz beschränken.
[89] Böckli, Rz 1343.

5.3.3 Organvertreter

Die Praxis ist zum Teil dazu übergegangen, den Aktionär aufzufordern, ein Mitglied der Direktion mit der Vertretung seiner Aktien zu beauftragen, wenn er nicht selber an der Generalversammlung teilnimmt.

Diese Praxis ist weiterhin zulässig. Das neue Aktienrecht bestimmt jedoch ausdrücklich, dass gleichzeitig eine unabhängige Person bezeichnet werden muss, die von den Aktionären mit der Stimmrechtsvertretung beauftragt werden kann [90].

Die Unabhängigkeit ist nicht definiert. In Frage kommen kann ein Anwalt, Notar, Treuhänder, Bankier oder dgl. unter der Voraussetzung, dass er nicht in einem Abhängigkeitsverhältnis steht, wie z.B. aus Mandatsverhältnis als Urkundsperson oder im Bereich einer Konzerngesellschaft [91].

Bestehen statutarische Einschränkungen betreffend Vertretungsverhältnis gemäss Art. 689 Abs. 2 OR gelten diese m.E. nicht für den unabhängigen Stimmrechtsvertreter. Dieser muss m.E. auch keine Aktionärseigenschaft aufweisen.

5.4 Vertretung bei mehreren Berechtigten

5.4.1 Gemeinschaftliches Eigentum

Steht eine Aktie in gemeinschaftlichem Eigentum, so können die Berechtigten die Rechte aus der Aktie nur durch einen gemeinsamen Vertreter ausüben [92] [93].

---

[90] Art. 689c OR.
[91] Böckli, Rz 1360.
[92] Art. 690 Abs. 1 OR.
[93] Können sie sich nicht auf einen Vertreter einigen, hat der Richter diesen für jede einzelne Aktionärshandlung zu bestellen.

5.4.2 Nutzniessung

Im Falle der Nutzniessung an einer Aktie wird diese durch den Nutzniesser vertreten [94].

5.4.3 Verpfändung

Wer eine Aktie aufgrund einer Verpfändung besitzt, darf die Mitgliedschaftsrechte nur ausüben, wenn er vom Aktionär hierzu in einem besonderen Schriftstück bevollmächtigt wurde [95].

5.5 Weisungsbefolgung

5.5.1 Grundsatz

Art. 689b Abs. 1 OR hält ausdrücklich fest, dass Weisungen einzuholen und diese zu befolgen sind. Die Weisungsbefolgungspflicht erfasst sämtliche Mitwirkungsrechte, neben dem Stimmrecht also auch Auskunftsbegehren, Voten, Anträge usw. [96].

Handelt der Vertreter nicht instruktionsgemäss, so betrifft dies ausschliesslich das Innenverhältnis zwischen dem Aktionär und seinem Vertreter; dieser wird allenfalls schadenersatzpflichtig.

Die Befolgung der Weisung ist kein Gültigkeitserfordernis für die Abgabe der Stimme in der Generalversammlung. Die Stimmen sind auch gültig, wenn die Gesellschaft Kenntnis davon hat, dass sich der Vertreter anschickt, weisungswidrig zu handeln [97].

---

[94] Art. 690 Abs. 2 OR.
[95] Art. 689b Abs. 2 OR; vgl. Schett, S. 28.
[96] Böckli, Fn 111 auf S. 367.
[97] Böckli, Rz 1345.

5.5.2 *Fehlen von Weisungen*

Bei Fehlen von Weisungen regelt das Aktienrecht das Vorgehen nur ausdrücklich beim Depotvertreter [98]: Er ersucht vor jeder Generalversammlung um Weisungen für die Stimmabgabe. Erteilt der Aktionär bzw. Hinterleger keine Weisungen, soll der Depotvertreter sich an allgemeine Weisungen halten, die der Aktionär hinterlegt hat; fehlen solche, so folgt er den Anträgen des Verwaltungsrates. Der Depotvertreter muss also den Anträgen des Verwaltungsrates folgen und kann sich der Stimme nicht enthalten [99].

Bei der Organvertretung fehlt eine ausdrückliche Regelung. Der Auffassung von Böckli ist zu folgen [100]: Die Pflicht, um Weisungen zu ersuchen, trifft auch auf den Organvertreter zu. Ebenso hat er beim Fehlen von Weisungen den Anträgen des Verwaltungsrates zu folgen.

Dasselbe trifft auf den "unabhängigen Stimmrechtsvertreter" zu. Beim Fehlen von Weisungen wird in der Regel den Verwaltungsratsanträgen gefolgt [101].

5.6 *Unterlagen für Generalversammlung*

Die Unterlagen der Gesellschaft für die Generalversammlung sind durch den Depot- bzw. Organvertreter an den Aktionär weiterzuleiten [102], jedoch ohne dass dieser verpflichtet ist, eigene Empfehlungen zu den Traktanden und Anträgen beizufügen.

---

[98] Art. 689d OR.
[99] Böckli, Rz 1354.
[100] Binder, S. 199; Böckli, Rz 1358 f.
[101] vgl. Böckli, Rz 1359.
[102] Böckli, Rz 1362 f.

5.7 Bekanntgabe der Stimmrechtsvertretung

5.7.1 Bekanntgabe der Vertretung schlechthin?

Nur die institutionelle Stimmrechtsvertretung, d.h. Organvertretung, unabhängige Stimmrechtsvertretung oder Depotvertretung, ist bekanntzugeben, nicht aber der individuelle Vertreter.

5.7.2 Meldepflicht der institutionellen Stimmrechtsvertreter

Sie haben der Gesellschaft bekanntzugeben: Anzahl, Art (Namen- oder Inhaberaktien), Nennwert und Kategorie (Stammaktie, Stimmrechtsaktie, Vorzugsaktie).

5.7.3 Bekanntgabe durch den Vorsitzenden

Der Vorsitzende teilt der Generalversammlung die Angaben gesamthaft mit [103].

Die Mitteilung kann grundsätzlich bis zum Schluss der Versammlung erfolgen. Ungenügend wäre jedoch lediglich ein Protokollvermerk [104].

5.7.4 Sanktion bei Unterlassung der Meldepflicht und Bekanntgabe

Die Unterlassung der in Art. 689e OR vorgeschriebenen Angaben und Mitteilungen führen zur Anfechtung aller Beschlüsse der betreffenden Generalversammlung.

In den Fällen der unterlassenen Meldung gegenüber der Gesellschaft durch die Stimmrechtsvertreter ist eine solche mit

---

[103] Art. 689e Abs. 2 OR.
[104] Böckli, Rz 1368.

Erfolg nur möglich, sofern die beklagte Gesellschaft nicht nachweist, dass die Beschlüsse ohne die nicht deklarierten Stimmrechtsvertretungen nicht zustandegekommen wäre [105].

Die unterlassene Mitteilung des Vorsitzenden ist nur anfechtbar, sofern ein Aktionär die Offenlegung verlangt hat. Es handelt sich dabei um gewöhnliche Anfechtbarkeit gemäss Art. 706 OR.

6. LEITUNG

6.1 Allgemeines

Das Gesetz enthält keine abschliessende Regelung über den Ablauf der Generalversammlung. Den Statuten bleibt somit ein weiter Spielraum, um Normen aufzustellen, in welcher Weise die Gesellschafter beraten und beschliessen. Fehlt eine solche statutarische Basis der Geschäftsordnung, so kann die Generalversammlung ohne Ankündigung in der Traktandenliste eine Tagesordnung beschliessen, welche im Rahmen eines Beschlusses ergeht und nur für diese eine Generalversammlung gilt.

Eine Geschäftsordnung - sei es eine statutarische oder Tagesordnung - darf sich aber nicht über das Gesetz und allgemeine Grundregeln, etwa parlamentarische, hinwegsetzen [106].

6.2 Wahl des Vorsitzenden

Da das Gesetz über die Wahl eines Vorsitzenden nichts [107] aussagt, kann diese Lücke in den Statuten gefüllt werden [108].

---

[105] analog Art. 691 OR; vgl. Ziff. 4.7.
[106] vgl. Haefliger, S. 58 und die dort in Fn 1 zitierten Autoren.
[107] vgl. allerdings Art. 689e Abs. 2 OR.
[108] vgl. Zindel/Honegger/Isler/Benz, S. 15: "Den Vorsitz der Generalversammlung führt der Präsident, bei dessen Verhinderung ein anderes Mitglied des Verwaltungsrates oder ein anderer von der Generalversammlung gewählter Tagespräsident."

Der Verwaltungsrat seinerseits bezeichnet seinen Präsidenten, vorbehältlich anderweitiger Statutenbestimmung [109], gemäss Art. 712 Abs. 1 OR selbst.

Bestimmen weder Statuten noch Verwaltungsrat einen Vorsitzenden, so ist dieser durch die Generalversammlung im Sinne eines Tagespräsidenten zu wählen [110].

6.3 Befugnisse des Vorsitzenden

6.3.1 Allgemeines

Die Aufgabe des Vorsitzenden ist die sachgerechte Leitung der Generalversammlung. Die Hauptaufgabe ist es, unter Berücksichtigung der Interessen von Einzelaktionären oder von Minderheiten die Geschäfte zur Abstimmungsreife zu bringen, indem der Vorsitzende die Traktanden erläutert und zur Diskussion stellt. Um das Ziel der echten Willensbildung zu erreichen, ist ihm zudem eine gewisse Ordnungsgewalt gegeben.

6.3.2 Eröffnung und Schliessung der Generalversammlung

Die Eröffnung der Generalversammlung ist offiziell mitzuteilen und richtet sich nach der in der Einladung mitgeteilten Uhrzeit [111]. Unstatthaft ist eine Vorverlegung wie auch eine Vornahme von Handlungen und Willensäusserungen, welche die Beschlussfassung materiell beeinflussen könnten [112].

---

[109] Die Wahl des Präsidenten, nicht aber die Besetzung anderer Chargen, kann durch Statutenbestimmungen der Generalversammlung vorbehalten werden (Art. 712 Abs. 2 OR).

[110] vgl. im einzelnen Haefliger, S. 59 f.; Schett, S. 45f.

[111] Der Aktionär hat keinen Anspruch auf eine "Respektfrist", wie in den Prozessordnungen vielfach vorgesehen ist.

[112] vgl. Schett, S. 52.

Nach ordnungsgemässer Erledigung der Traktanden ist die Generalversammlung durch den Vorsitzenden offiziell zu schliessen. Eine vorzeitige Schliessung ist nur aus zwingendem Grund möglich (113).

Andererseits kann die Generalversammlung durch Beschluss der Aktionäre selbst aufgelöst und vertagt werden (114). Können sich die Aktionäre nicht auf einen bestimmten Tag einigen, so muss die Generalversammlung gesetz- und statutengemäss neu einberufen werden (115).

6.3.3 Beschränkung der Redezeit

Die Redezeitbeschränkung durch den Vorsitzenden im Sinne einer Einzelanordnung ist nur gerechtfertigt bei konkreter Gefährdung des Versammlungszwecks. Ist eine solche nicht ersichtlich, so entscheidet die Generalversammlung über eine allfällige Festsetzung der Redezeit (bei zahlreichen Wortmeldungen), beispielsweise zu Beginn der Generalversammlung (116).

Bei Festlegung einer Redezeitbeschränkung (117) ist auf die Gleichbehandlung der Aktionäre zu achten. Dieses Gebot wird nicht verletzt, wenn erst in einem späteren Zeitpunkt eine Redebeschränkung erfolgt, z.B. bei den Erwiderungen auf die Stellungnahme der Verwaltung.

---

(113) z.B. mangelhafter Revisionsstellenbericht, Tumulte in der Versammlung.
(114) Es ist auch vorstellbar, dass die Generalversammlung lediglich unterbrochen und die Festsetzung auf den nächsten Werktag angekündigt wird.
(115) vgl. Schett, S. 53.
(116) vgl. Haefliger, S. 61 f.; Schett, S. 54 und die dort zitierten Autoren.
(117) üblicherweise 10 bis 20 Minuten, je nach Schwierigkeit der zu erörternden Traktanden und der zumutbaren Länge der Generalversammlung.

6.3.4 Wortentziehung

Beleidigende oder unsachliche Äusserungen, ständige Wiederholungen und überflüssige Darlegungen können durch Wortentzug beendigt werden.

Nach herrschender Lehre ist ein Wortentzug nur nach vorheriger Warnung zulässig und gilt nur für den betreffenden Verhandlungsgegenstand [118].

6.3.5 Saalverweisung

Die Saalverweisung durch den Vorsitzenden [119] ist die härteste Sanktion und kann nur nach vorgängiger Mahnung, und wenn die Störung nicht auf andere Weise beseitigt werden kann, erfolgen.

6.3.6 Schluss der Diskussion

Der Vorsitzende darf die Diskussion schliessen, wenn er nach Treu und Glauben annehmen darf, dass der Meinungsaustausch für eine sachgerechte Entscheidung ausreicht. Um Leerläufe zu vermeiden, können z.B. von den Versammlungsteilnehmern schriftlich Wortmeldungen mit Angaben über beabsichtigte Fragen und Ausführungen verlangt oder ein strukturiertes Vorgehen bei der Beratung der Traktanden vorgesehen werden, wie [120]

- Begründung der Anträge durch den Verwaltungsrat,
- Auskunftsbegehren und Antworten des Verwaltungsrates,
- Stellung und Begründung der übrigen Anträge,
- freie Aussprache.

---

[118]   vgl. Haefliger, S. 63; Schett, S. 55.
[119]   a.M. Schluep, S. 151, überantwortet den Entscheid der Generalversammlung.
[120]   vgl. Jäggi, Beratung, S. 348 ff.

6.3.7 Unterbrechung der Generalversammlung

Der Vorsitzende kann eine Unterbrechung der Versammlung anordnen, wenn ihm dies zweckdienlich erscheint [121].

6.3.8 Festlegung der Verhandlungssprache

Bei Festlegung der Verhandlungssprache ist auf Grösse und Bedeutung der Gesellschaft abzustellen. Bei solchen von nationaler Bedeutung sollte die Verwendung der Amtssprache statthaft sein. Der Aktionär hat jedoch nur Anrecht auf Antworten auf seine Fragen in der Muttersprache, und nicht auf Übersetzung der ganzen Verhandlung [122].

6.4 Verzicht des Vorsitzenden auf seine Befugnisse

Die Zustimmung der Generalversammlung einzuholen empfiehlt sich dann, wenn der Vorsitzende Zweifel an der Zulässigkeit der Massnahme hat oder wenn eine beabsichtigte Ordnungsmassnahme bei vielen Teilnehmern auf starken Widerspruch stösst.

Die Abstimmung hat nach den Kopfstimmprinzip zu erfolgen, da die Generalversammlung nicht aus eigenem Recht, sondern an Stelle des Vorsitzenden entscheidet [123].

---

[121] z.B. lange Dauer der Versammlung, Nichtbefolgung einer Ordnungsmassnahme, Abklärungen des Vorsitzenden, Verwaltungsratssitzung.
[122] vgl. im weiteren Jäggi, Beratung S. 347.
[123] Schett, S. 51.

7. ABSTIMMUNGSVORGANG

7.1 Allgemeines

Nach Art. 702 Abs. 1 OR ist der Verwaltungsrat verpflichtet, sämtliche Vorkehrungen zu treffen, welche für die ordnungsgemässe Durchführung erforderlich sind.

7.2 Pflichten vor der Abstimmung

7.2.1 Prüfung der Stimmberechtigung

Die Prüfung der formellen Voraussetzungen für die Stimmrechtsausübung wird insbesondere bei grösseren Gesellschaften mit der Prüfung der Teilnahmeberechtigung verbunden [124].

Trotz Vorliegens der Stimmrechtsberechtigung gelten folgende Beschränkungen:

- Verbot der Vertretung gesellschaftseigener Aktien;

  bei eigenen Aktien ruhen das Stimmrecht und die damit verbundenen Rechte [125].

Der Erwerb von Aktien einer Gesellschaft durch eine von ihr beherrschte Tochtergesellschaft wird dem Erwerb durch die Gesellschaft gleichgestellt [126], d.h. bei Tochtergesellschaften in der Generalversammlung der Muttergesellschaft [127].

Erwirbt eine Gesellschaft die Mehrheitsbeteiligung an einer anderen Gesellschaft, die ihrerseits Aktien der Erwerberin

---

[124] vgl. Ziff. 4.
[125] Art. 659a Abs. 1 OR.
[126] Art. 659b Abs. 1 OR.
[127] Umgekehrt ist das Stimmrecht der Muttergesellschaft in der Generalversammlung der Tochtergesellschaft gewährleistet.

hält, so gelten diese Aktien als eigene Aktien der Erwerberin (128).

- Déchargeerteilung;

   bei Beschlüssen über die Entlastung des Verwaltungsrates, die sog. Déchargeerteilung (129), haben Personen, die in irgendeiner Weise an der Geschäftsführung teilgenommen haben, kein Stimmrecht (130). Nicht nur Verwaltungsrat und Direktion sind davon betroffen, sondern auch Prokuristen und Handlungsbevollmächtigte, dagegen nicht ein Rechtsanwalt, der nur einen Spezialauftrag erfüllt hat (131). Ebenso ist die Bestellung eines Vertreters den in Art. 695 OR genannten Personen untersagt, und sie dürfen auch keine Vertretung für andere Aktionäre übernehmen (132) (133).

- teilweise eingezahlte Aktien;

   Aktionäre, welche auf Aktien den gesetzlich oder statutarisch festgesetzten Betrag nicht eingezahlt haben, können nicht zur Abstimmung zugelassen werden (134).

---

(128) Art. 659b Abs. 2 OR.

(129) Können sich Alleinaktionäre oder die Mitglieder einer kleinen Aktiengesellschaft, die allesamt auch Verwaltungsratsfunktionen ausüben, Décharge erteilen? Von Steiger verneint die Frage mit der Begründung, dass es keiner Entlastung bedarf, weil sie als alleinige Eigentümer der Aktien nur sich selbst Rechenschaft abzulegen haben (Aktiengesellschaft, S. 271 f. mit weiteren Literaturhinweisen).

(130) Art. 695 Abs. 1 OR.

(131) Bürgi, N. 6 und 10 zu Art. 695 OR.

(132) Schucany, N. 3 zu Art. 695 OR.

(133) Bei Personengesellschaften und juristischen Personen ist die Frage kontrovers, wenn einzelne ihrer Mitglieder im Verwaltungsrat oder in der Geschäftsleitung mitwirken (vgl. Bürgi, N. 12 zu Art. 695 OR; Schucany, N. 2 zu Art. 695 OR; Schett, S. 100 mit Verweisen auf die deutsche Literatur). Ein Verbot scheint gerechtfertigt, wenn sich der Wille des vom Stimmverbot betroffenen Gesellschafters durchsetzt. Keine Befangenheit liegt vor bei lediglich finanziellem Interesse der Gesellschafter.

(134) vgl. Art. 694 OR.

- Stimmrechtsaktien;

  dieses Stimmrechtsprivileg fällt nach Art. 693 Abs. 3 OR zwingend dahin für die Wahl der Revisionsstelle, die Ernennung von Sachverständigen zur Prüfung der Geschäftsführung oder einzelner Teile, die Beschlussfassung über die Einleitung einer Sonderprüfung und über die Anhebung einer Verantwortlichkeitsklage.

- statutarische Stimmrechtsbeschränkungen;

  Stimmrechtsbeschränkungen findet man häufig in den Statuten beim Vertretungsrecht, z.B. dass nur ein Aktionär die Vertretung übernehmen darf.

- vertragliche Stimmrechtsbeschränkungen.

  Stimmrechtsbindungen in Aktionärbindungsverträgen wirken nur unter den beteiligten Aktionären. Das Verhältnis zur Gesellschaft bleibt unberührt [135].

7.2.2 Entscheid über die Stimmberechtigung

Zum Ordnungsentscheid über die Stimmrechtsausübung ist der Verwaltungsrat nach Art. 702 OR zuständig. Diesem steht es frei, die Entscheidungsbefugnis dem Vorsitzenden oder der Generalversammlung zu übertragen oder diese zu Rate zu ziehen [136].

---

[135] Stimmrechtsbindungsverträge zwischen Aktionären und Verwaltungsrat sind unzulässig (vgl. Schett, S. 103 mit weiteren Hinweisen).

[136] Die endgültige Entscheidung liegt jedoch weder bei der Generalversammlung noch beim Vorsitzenden, können diese doch lediglich Ordnungsentscheide, nicht aber richterliche Funktionen übernehmen (Jäggi, Abstimmungsverfahren, S. 398).

7.3 Erledigung der Tagesordnung

7.3.1 Reihenfolge der Behandlung

Grundsätzlich ist der Vorsitzende an die bei der Einberufung der Generalversammlung bekanntgegebene Reihenfolge der Traktandenbehandlung gebunden. Es kann jedoch sachlich durchaus begründet sein, die Reihenfolge zu ändern. Der Vorsitzende kann somit aus Gründen der Sachdienlichkeit oder der Verhandlungsökonomie die Reihenfolge abändern. Da es sich um eine Ordnungsmassnahme handelt, ist der Vorsitzende zuständig. Die Generalversammlung kann somit dem Vorsitzenden auch nicht durch Mehrheitsbeschluss eine bestimmte Reihenfolge aufzwingen [137].

7.3.2 Absetzung eines Traktandums

Der Aktionär hat das Recht auf eine gesetz- und statutengemässe Behandlung der angekündigten Traktanden. Die Absetzung eines Traktandums ist somit keine Ordnungsmassnahme und obliegt demnach der Generalversammlung, welche darüber zu entscheiden hat [138].

7.4 Abstimmungsakt

7.4.1 Antrag als Grundlage

Grundlage der Abstimmung sind Traktandum und Antrag [139]. In der deutschen Literatur wird durchwegs davon ausgegangen, dass Anträge positiv zu stellen sind [140]. Wichtig ist vor allem, dass

---

[137] Schett, S. 64.
[138] betreffend Abänderung oder Ergänzung vgl. 2.5.
[139] vgl. 2.4.2.
[140] vgl. Schett, S. 68.

die Anträge innerhalb eines Traktandums einheitlich abgefasst sind.

Den Aktionären muss der Antrag des Verwaltungsrates nicht mehr verlesen werden, ist er ihnen doch bei der Einberufung bekanntgegeben worden. Es empfiehlt sich dennoch zur Klarstellung, den Antrag zu wiederholen und zumindest kurz zu begründen. M.E. entfällt eine Begründungspflicht durch den Verwaltungsrat, da der Aktionär über die bekanntgegebenen Verhandlungsgegenstände und Anträge orientiert ist und einer Meinungsbildung vor der Generalversammlung nichts im Wege steht. Gegen-, Abänderungs-, Zusatz- und Eventualanträge zu den Anträgen des Verwaltungsrates und den Aktionären sind zu begründen, soweit dies möglich ist [141].

7.4.2 Reihenfolge der Behandlung

Die Regeln über die Reihenfolge der Behandlung der einzelnen Anträge unter dem gleichen Traktandum richten sich nach jenen des üblichen Abstimmungsverfahrens [142].

7.5 Form der Abstimmung

Da die präzise Erfassung der Ja- und Nein-Stimmen und ihre Niederschrift im Protokoll eine unabdingbare Voraussetzung für jede spätere Anfechtung des Beschlusses darstellt, hat der Vorsitzende denjenigen Abstimmungsmodus zu wählen, der das Abstimmungsergebnis klar wiedergibt. Der Vorsitzende kann nach seinem Ermessen [143] endgültig entscheiden, ob die Abstimmung durch Zuruf, Erheben von den Sitzen, Handaufheben

---

[141] Schett, S. 69.

[142] z.B. wie in Parlamenten geübt.

[143] Ob der Aktionär eine geheime Abstimmung verlangen kann, ist ungeklärt. Dies wird bejaht, wenn die Freiheit der Entschliessung in unzulässiger Weise beeinträchtigt wäre, der Aktionär unter grossem Druck stände, wie beispielsweise der Abberufung des Verwaltungsrates oder der Revisionsstelle (vgl. Schett, S. 106 f.).

oder durch schriftliche Stimmabgabe durchzuführen ist [144]. Die Abstimmung mittels Akklamation ist dagegen zu ungenau [145]. Bei der offenen Abstimmung ist dafür zu sorgen, dass die vertretene Stimmenzahl bzw. der vertretene Kapitalanteil - und nicht etwa die Zahl pro Kopf - festgehalten wird.

Wird die Abstimmung geheim durchgeführt, so muss der Stimmende entweder im Besitz so vieler Stimmzettel sein, als er Stimmen vertritt, oder er besitzt pro Abstimmung nur einen Stimmzettel mit vorgemerkter Stimmkraft.

7.6 Mehrheitsbeschluss und Quorumsbestimmungen [146]

7.6.1 Grundsatz

Die Generalversammlung fasst ihre Beschlüsse und vollzieht ihre Wahlen, soweit das Gesetz oder die Statuten es nicht anders bestimmen, mit der absoluten Mehrheit der vertretenen Stimmen [147].

Absolutes Mehr bedeutet, dass die Annahme eines Antrages die Zustimmung von mehr als der Hälfte der vertretenen Stimmen erfordert, d.h. die Hälfte aller vertretenen Stimmen plus eine halbe Stimme.

Vertretene Stimmen bedeutet, dass sämtliche vertretene Stimmen für die Auszählung massgebend sind, d.h. also auch Leerstimmen und die nicht abgegebenen Stimmen. Daraus folgt, dass jede Stimmenthaltung der Anwesenden zu berücksichtigen

---

[144] Jäggi, Abstimmungsverfahren, S. 400 f.
[145] vgl. Schett, S. 105.
[146] vgl. Tanner, AJP, S. 768 ff.; Zäch/Schleiffer, S. 263 ff.
[147] Art. 703 OR.

und als Nein-Stimme zu werten ist. Echte Stimmenthaltung wäre nur durch Fernbleiben bzw. durch Verlassen des Saales möglich. Dieses Verhalten würde das Abstimmungsergebnis nicht beeinflussen.

Das revidierte Aktienrecht schafft keine Klarheit über statutarische Abweichungsmöglichkeiten im erleichternden als auch im erschwerenden Sinne der allgemeinen Stimmenquoren. Es sollte den Aktionären jedoch unbenommen bleiben, statutarisch auf die abgegebenen Stimmen oder sogar auf das relative Mehr [148] abzustellen.

Abgegebene Stimmen bedeutet, dass für die Auszählung die Leerstimmen und ungültigen Stimmen ebenfalls massgebend sind, nicht dagegen die Stimmenthaltungen.

Relatives Mehr bedeutet, dass die Annahme eines Antrages erreicht ist, wenn die Ja-Stimmen 50 % sämtlicher Stimmen (abgegebene, vertretene, usw.) übertreffen, wobei leere, nicht abgegebene und nicht vertretene Stimmen bei der Bemessungsgrundlage nicht gezählt werden.

Die Erschwerung - sei es betreffend qualifiziertem Mehr oder qualifizierter Anwesenheit - kann nur unter Beachtung von Art. 704 Abs. 2 OR eingeführt werden: Statutenbestimmungen, die für die Fassung bestimmter Beschlüsse grössere Mehrheiten als die vom Gesetz vorgeschriebenen festlegen, können nur mit dem vorgesehenen Mehr eingeführt werden [149].

---

[148] Beispielsweise ist denkbar, dass eine Statutenbestimmung erklärt, dass für Wahlen ab dem zweiten Wahlgang das relative Mehr gilt.
[149] Soll beispielsweise eine Bestimmung eingeführt werden, die für die Wahl der Revisionsstelle eine Dreiviertelsmehrheit erfordert, ist diese Mehrheit für die Annahme der Bestimmung notwendig.

7.6.2 Qualifiziertes Stimmenquorum

Für wichtige Beschlüsse normiert Art. 704 OR ein Stimmenquorum von 2/3 der vertretenen Stimmen und (gleichzeitig) von der absoluten Mehrheit der Aktiennennwerte.

Wichtige Beschlüsse sind [150]:

- Änderung Gesellschaftszweck;
- Einführung Stimmrechtsaktien;
- Vinkulierung;
- genehmigte oder bedingte Kapitalerhöhung;
- Kapitalerhöhung aus Eigenkapital, gegen Sacheinlage oder zwecks Sachübernahme und die Gewährung von besonderen Vorteilen;
- Einschränkung / Aufhebung Bezugsrecht;
- Sitzverlegung;
- Auflösung der Gesellschaft ohne Liquidation.

Eine Erschwerung des qualifizierten Quorums, dagegen nicht eine Erleichterung, darf in den Statuten vorgesehen werden [151].

Das revidierte Aktienrecht sieht für solche statutarischen Einführungen von grösseren als den gesetzlich vorgeschriebenen Mehrheiten eine Beschlussfassung mit dem vorzugebenden Mehr vor [152].

---

[150] Art. 704 Abs. 1 OR.
[151] einseitig zwingende Norm.
[152] Art. 704 Abs. 2 OR.

7.7 Ermittlung und Mitteilung der Stimmenzahl

7.7.1 Stimmenzähler

Die Stimmenzähler werden vom Vorsitzenden bestimmt, sofern keine besondere statutarische Regelung besteht.

7.7.2 Verfahren

Beim Additionsverfahren werden die Ja- und Nein-Stimmen sowie die Enthaltungen zusammengezählt [153].

Bei der Subtraktionsmethode werden diejenigen Stimmen, welche mutmasslich in der Minderheit sind, von der Gesamtstimmenzahl [154] abgezogen.

7.7.3 Stimmengleichheit

Ohne ausdrückliche statutarische Grundlage [155] steht dem Vorsitzenden bei Stimmengleichheit kein Stichentscheid zu [156]. Der Losentscheid als andere Möglichkeit mag bei Wahlen Anwendung finden, jedoch ist er bei Sachvorlagen eher ungeeignet.

7.7.4 Mitteilung des Abstimmungsergebnisses

Der Vorsitzende hat das Abstimmungsergebnis nach Bekanntwerden den Teilnehmern mitzuteilen.

---

[153] vgl. Tanner, ASP, S. 769 f.
[154] welche auch während der Versammlung stets nachgeführt werden muss.
[155] Selbst der statutarisch angeordnete Stichentscheid war bis zum BGE 95 II 555 umstritten (vgl. Schett, S. 116 f.).
[156] Der Stichentscheid gemäss Art. 713 Abs. 1 OR gilt nur für Verwaltungsratsbeschlüsse.

Eine Berichtigung wegen falschen Zählens ist unmittelbar richtigzustellen, sofern dies noch möglich ist. Da nach Jäggi die Mitteilung nur Beweisbedeutung, also keine konstitutive Bedeutung hat, ist dies innerhalb der Anfechtungsfrist möglich [157].

7.8 Wiederholung der Abstimmung

7.8.1 Aufgrund formeller Fehler

Es rechtfertigt sich, die Abstimmung zu wiederholen, wenn sich Zählfehler ergeben haben [158], gleichgültig ob die Mitteilung des Resultats erfolgt ist oder noch über das Traktandum diskutiert wird [159].

7.8.2 Rückkommensantrag

Wenn neue, erhebliche Tatsachen zum Vorschein kommen, kann der Vorsitzende auf begründeten Antrag hin die Wiederaufnahme der Diskussion des Traktandums nach pflichtgemässem Ermessen entscheiden oder überlässt den Entscheid der Generalversammlung [160].

---

[157] vgl. Jäggi, Abstimmungsverfahren, S. 402; Schett, S. 115 f.
[158] z.B. falsche Feststellungen des Stimmenzählers, unbemerktes Verlassen der Versammlung von Stimmrechtsberechtigten für Einzelheiten.
[159] vgl. Jäggi, Abstimmungsverfahren, S. 403.
[160] vgl. Schett, S. 71 und 119 f.

8. AUSKUNFTSRECHTE UND AUSKUNFTSPFLICHTEN

8.1 Allgemeines

Der Aktionär übt seine Rechte nach Art. 689 Abs. 1 OR in den Angelegenheiten der Gesellschaft in der Generalversammlung aus. Art. 697 Abs. 1 OR bestimmt ebenfalls, die Berechtigung, Auskunft zu verlangen, erfolge an der Generalversammlung. Es besteht somit grundsätzlich keine Pflicht des Verwaltungsrats, ausserhalb der Generalversammlung zu informieren, sei es in Form von Aktionärsbriefen oder auf Ersuchen eines Aktionärs hin [161].

8.2 Auskunftsverpflichtete

Der Verwaltungsrat ist nur an der Generalversammlung auskunftspflichtig [162], sofern ein Aktionär Auskunft verlangt.

Auskunftspflichtig ist ebenfalls die Revisionsstelle bzw. die Konzernrevisionsstelle.

Die Geschäftsleitung ist nur mit Ermächtigung des Verwaltungsrates auskunftsberechtigt, ebenso aber auch auskunftsverpflichtet.

8.3 Gegenstand

8.3.1 Auskunftserteilung durch Verwaltungsrat

Das revidierte Aktienrecht bestimmt, dass Auskünfte über alle Angelegenheiten der Gesellschaft zu erteilen sind. Das

---

[161] Allerdings wird es für zulässig erachtet, dass der Aktionär innerhalb der Auflagefrist von zwanzig Tagen vor der Generalversammlung Aufschluss von der Verwaltung verlangen kann (Bürgi, N. 71 zu Art. 697; Schluep, S. 187).

[162] Ausnahme: Orientierung über die Organisation der Geschäftsführung (Art. 716b Abs. 2 Satz 2 OR). Dagegen besteht keine Pflicht zur Offenlegung eines allfälligen Organisationsreglements (Forstmoser, S. 39). Eine Genehmigung seitens der Generalversammlung ist abzulehnen (Forstmoser, S. 33).

Auskunftsrecht ist somit nicht auf die Jahresrechnung oder den Jahresbericht beschränkt. Wenn der funktionale Zusammenhang gegeben ist, können auch Fragen betreffend Organisation, Unternehmungsstrategie und dgl. zulässig sein [163].

8.3.2 *Auskunftserteilung durch Revisionsstelle*

Die Auskunftspflicht erstreckt sich auf Durchführung und Ergebnis der Prüfung, allenfalls auf Einschränkungen, Hinweise oder Zusätze [164].

Der Bericht der Revisionsstelle ist in der Regel nicht zu erläutern [165]. Die Frage des Vorsitzenden, ob die Revisionsstelle den Bericht zu ergänzen habe, ist aus grundsätzlichen Überlegungen stets zu verneinen, sofern nicht in der Zwischenzeit Ereignisse eingetreten sind, die eine Einschränkung des Berichts erfordern.

8.4 *Schranken*

Das Recht auf Auskunft ist nicht schrankenlos. Geschäftsgeheimnisse oder andere schutzwürdige Interessen der Gesellschaft sind einer Auskunft hinderlich. Der Verwaltungsrat hat die gegenseitigen Interessen abzuwägen.

Das Auskunftsrecht bezieht sich ferner nur auf Geschäftsangelegenheiten und auf erhebliche Sachverhalte, soweit sie für die Aktionärsrechte erforderlich sind.

Diese Schranken können auch durch die Generalversammlung nicht beseitigt werden.

---

[163] Böckli, Rz 1312.
[164] vgl. RHB 3.432.
[165] vgl. Ausnahmefälle in RHB 3.435.

Eine blosse Behauptung des Verwaltungsrates, eine Information verletze ein Geschäftsgeheimnis, genügt zur Ablehnung nicht. Der Verwaltungsrat muss die Gefährdung begründen und diese Begründung muss die Gefährdung als wahrscheinlich erscheinen lassen (166). Die Ablehnung muss protokolliert werden (167).

8.5 Form

Die Auskünfte sind vollständig, zutreffend und der Sache gerecht für alle Fragen zu erteilen, zu deren Beantwortung sich der Vorsitzende die notwendigen Unterlagen unschwer und ohne wesentliche Verzögerung der Hauptversammlung beschaffen kann.

Konnte der Auskunftsersuchende die Unmöglichkeit der Beantwortung voraussehen, so muss er sich dies zu seinen Lasten anrechnen lassen. Einen Anspruch auf Vertagung oder Unterbrechung der Generalversammlung hat der Aktionär nicht (168).

9. PROTOKOLLFÜHRUNG

9.1 Allgemeines

Auch nach dem neuen Aktienrecht ist das Protokoll der Generalversammlung im wesentlichen ein Beschlussprotokoll (169). Es müssen also nur die Beschlüsse und Wahlen wiedergegeben, nicht aber der Verlauf der Debatte mit allen Details aufgezeichnet werden.

---

(166) BGE 109 II 47; Böckli, Rz 1311; Schett, S. 94 f.
(167) Art. 702 Abs. 2 OR.
(168) vgl. Schett, S. 79 mit weiteren Hinweisen.
(169) im Gegensatz zum Verwaltungsratsprotokoll (Art. 713 Abs. 3 OR).

Die Verantwortung der Protokollführung liegt beim Verwaltungsrat [170]. Dieser muss das Protokoll aber nicht selber abfassen, und er ist befugt, die Niederschrift des Protokolls einer fähigen Drittperson zu übertragen, welche selber nicht Aktionär zu sein braucht [171].

9.2 Form

9.2.1 Grundsatz

Das Gesetz stellt nirgends Anforderungen an die Form eines Protokolls auf. Gewisse Minimalanforderungen wie Leserlichkeit, Übersichtlichkeit und Verständlichkeit sind zu fordern. Das Fehlen der einen oder anderen Angabe hat nach Wydler keine rechtlichen Konsequenzen zur Folge, wirkt sich aber auf die Qualität und damit auf die Beweiskraft des Protokolls aus [172].

9.2.2 Tonbandaufnahmen

Wegen der Gefahr von Persönlichkeitsverletzungen soll die Protokollierung durch Tonbandaufnahmen nur zurückhaltend vorgenommen werden [173].

9.2.3 Verletzung der Protokollierungspflicht

Bei Verletzung der Protokollierungspflicht, sei es durch mangelhafte Ausführung oder Unterlassen der Protokollführung, besteht kein Rechtsmittel, um den Verwaltungsrat dazu zu zwingen [174]. Da die Verantwortlichkeit im Zusammenhang mit der

---

[170] Art. 702 Abs. 2 Satz 1 OR.
[171] Bürgi, N. 29 zu Art. 702.
[172] Wydler, S. 60.
[173] vgl. Schmitt, S. 107 f.
[174] Wydler, S. 52.

Ahndung von Pflichtwidrigkeiten bei der Protokollführung gering ist, wird eine Verantwortlichkeitsklage nach Art. 754 OR wegen solcher Missachtung allein kaum angestrengt werden (175). Es wird im Interesse des Teilnehmers liegen, selbst Aufzeichnungen vorzunehmen.

9.2.4 Protokollberichtigung

Protokollberichtigungen und Protokollergänzungen können vor oder nach der Generalversammlung vorgenommen werden (176).

9.3 Inhalt

Neben formellen Angaben wie Firma, Ort, Datum sowie Namen des Vorsitzenden, des Protokollführers und der Stimmenzähler und deren Unterschriften hält Art. 702 Abs. 2 OR ausdrücklich einige Bestandteile fest (177):

- Anzahl, Art, Nennwert und Kategorie der Aktien, die von Aktionären, von Organ-, von unabhängigen Stimmrechts- und von Depotvertretern vertreten werden;

- Beschlüsse und Wahlergebnisse;

- Begehren um Auskunft und die darauf erteilten Antworten;

- von den Aktionären zu Protokoll gegebene Erklärungen.

---

(175) vgl. Näheres bei Wydler, S. 124.
(176) vgl. Schett, S. 122 f.
(177) vgl. Anhang 5.

Diese Minimalanforderungen können gesteigert werden, wenn sämtliche Vorgänge aufgezeichnet werden, wie z.B. Art der Abstimmung (geheim, offen; mit oder ohne Stimmenzähler; Additions- oder Subtraktionsmethode), Änderung der Traktandenliste, Ordnungsmassnahmen des Vorsitzenden und dgl.

9.4 Genehmigung des Protokolls

Sofern das Verlesen und Genehmigen des Protokolls keine statutarische Verpflichtung darstellt, ist eine Aufnahme als Traktandum der Generalversammlung nicht notwendig, da eine gesetzliche Pflicht fehlt.

Das freiwillige Verlesen ist nicht notwendig, da das Protokoll vom Aktionär eingesehen werden kann [178].

Das freiwillige Genehmigenlassen schliesst eine nachträgliche Anfechtung wegen Unrichtigkeit oder Unvollständigkeit nicht aus, wird aber doch erheblich erschwert, da durch die Genehmigung eine erhöhte Beweiskraft angenommen wird [179].

9.5 Aufbewahrungspflicht

Wie die Geschäftsbücher sind auch die Generalversammlungs-Protokolle während 10 Jahren aufzubewahren (Art. 962 OR) [180].

---

[178] vgl. Ziff. 9.6.
[179] Bürgi, N. 31 und 34 zu Art. 702 OR.
[180] a.M. Schett, S. 125.

9.6 Einsichtsrecht des Aktionärs

Art. 702 Abs. 3 OR verankert ausdrücklich das Recht des Aktionärs auf Einsicht in das Protokoll der letztjährigen Generalversammlung [181].

10. INFORMATIONSRECHTE UND INFORMATIONSPFLICHTEN NACH DER GENERALVERSAMMLUNG

10.1 Offenlegungspflichtige Gesellschaften

Gesellschaften, deren Aktien an der Börse gehandelt werden oder Anleihensobligationen ausstehend haben, müssen die Jahresrechnung [182] inkl. Konzernrechnung nach Abnahme durch die Generalversammlung mit dem Revisionsbericht offenlegen [183].

Die Angaben sind im Schweizerischen Handelsamtsblatt zu veröffentlichen oder jeder Person, welche diese innerhalb eines Jahres verlangt, auf eigene Kosten zuzustellen.

10.2 Einsichtgewährung bei den übrigen Gesellschaften

Berechtigt sind die Aktionäre nach Art. 696 Abs. 3 OR zur Einsicht in den Geschäftsbericht in der von der Generalversammlung genehmigten Form sowie in den Revisionsbericht ohne weiteren Nachweis.

Ferner sind die Gläubiger unter Nachweis eines schutzwürdigen Interesses berechtigt, Einsicht in die Jahres- und Konzernrechnung mit den Revisionsberichten zu nehmen. Kein Einblick

---

[181] vgl. betreffend Frist Ziff. 10.2.
[182] nicht jedoch den Jahresbericht.
[183] Art. 697h Abs. 1 OR.

ist in den Jahresbericht zu gewähren (184). Der Gläubiger (185) hat kein Recht auf Zustellung oder Aushändigung eines Exemplars; er ist darauf angewiesen, sich Notizen zu machen (186).

Es ist im weiteren Böckli zuzustimmen (187), dass das Einsichtsrecht ebenfalls ein Jahr gilt, da jenes nicht weitergehen sollte als gegenüber einer offenlegungspflichtigen Gesellschaft.

---

(184) Art. 697h Abs. 2 OR.
(185) inkl. der Lohngläubiger.
(186) Böckli, Rz 1329.
(187) Rz 1329.

Anhang

Anhang 1 Im Anhang 1 finden sich zwei Muster von Einladungen und der weiteren Dokumente für die Durchführung der Generalversammlung. Anhang 1b unterscheidet sich von Anhang 1a dadurch, dass der Aktionär die Zutrittskarte zur Generalversammlung mittels Antwortschein erhält.

Anhang 2 Ausgewählte Statutenbestimmungen betreffend Konkretisierung der Durchführung der Generalversammlung

Anhang 3 Leitfaden zur Führung durch die Generalversammlung für den Vorsitzenden

Anhang 4 Checkliste für die Durchführung der Generalversammlung

Anhang 5 Musterprotokoll einer Generalversammlung

Anhang 1a/1

MUSTER AG, MUSTERHAUSEN

EINLADUNG

zur 11. ordentlichen Generalversammlung der Aktionäre

Freitag, 26. März 1993, 17.00 Uhr
im Restaurant Plaza, Hauptplatz, 9999 Musterhausen

Traktanden

1. **Entgegennahme des Jahresberichts 1992**

   Der Verwaltungsrat beantragt die Genehmigung des Jahresberichts.

2. **Entgegennahme des Berichts der Revisionsstelle**

   Der Verwaltungsrat beantragt die Abnahme des von der Revisionsstelle vorgelegten Berichts.

3. **Jahresrechnung 1992**

   Der Verwaltungsrat beantragt die Genehmigung der vorgelegten Jahresrechnung 1992.

4. **Beschlussfassung über die Verwendung des Jahresergebnisses**

   Der Verwaltungsrat stellt den Antrag, die Verwendung des Bilanzgewinnes von Fr. _____ wie folgt zu verwenden:

Einlage in den gesetzlichen Reservefonds   Fr.   .--
Ausrichtung einer Dividende von __ Prozent Fr.   .--
Gewinnvortrag auf neue Rechnung   Fr.   .--

5. Décharge-Erteilung an den Verwaltungsrat und die Direktion

Der Verwaltungsrat stellt den Antrag, den Mitgliedern des Verwaltungsrates und der Direktion sei vollumfänglich und ohne Einschränkung Décharge zu erteilen.

6. Wahlen

a) Verwaltungsrat
Der Verwaltungsrat beantragt die Wiederwahl aller Mitglieder des Verwaltungsrates für die Amtsdauer von der Generalversammlung 1993 bis zur derjenigen von 1996.

b) Revisionsstelle
Der Verwaltungsrat beantragt die Wahl der Korrekt Treuhand AG, Musterhausen als Revisionsstelle für das Jahr 1993.

7. Verschiedenes

Der **Geschäftsbericht** 1992 mit dem Jahresbericht, der Jahresrechnung, dem Bericht der Revisionsstelle und dem Gewinnverwendungsantrag liegen am Sitze der Gesellschaft, Musterstrasse, 9999 Musterhausen, während den zwanzig der Generalversammlung vorangehenden Tagen zur Einsicht der Aktionäre auf. Die Aktionäre sind berechtigt, die unverzügliche Zustellung dieser Dokumente zu verlangen.

Das **Protokoll** der 10. Generalversammlung liegt am Sitz der Gesellschaft zur Einsichtnahme auf.

Namenaktionäre, die am Tage der Einberufung der Generalversammlung im Aktienregister eingetragen sind, erhalten die Eintrittskarte sowie weitere Unterlagen zur Traktandenliste direkt.

Inhaberaktionäre, die an der Generalversammlung teilnehmen oder sich vertreten lassen möchten, können ihre Eintrittskarten und die weiteren Unterlagen zur Traktandenliste bis spätestens 15 Tage vor der Generalversammlung bei den Kantonalbanken sowie am Sitz der Direktion der Muster AG beziehen.

Die Abgabe der Eintrittskarte erfolgt gegen Hinterlegung der Aktien oder eines genügenden Ausweises über deren Deponierung bei einer anderen Bank bis zum Tage nach der Generalversammlung.

Eine **Vollmachtserklärung** ist auf der Eintrittskarte zu bestätigen. Gemäss Art. 11 Abs. 1 der Statuten können Namenaktien nur durch Namenaktionäre vertreten werden.

Falls ein Aktionär die Direktion bevollmächtigen will, so bitten wir ihn, die Vollmacht blanko, jedoch unterzeichnet an das Aktienbüro zu senden. Falls ein Aktionär einen unabhängigen Stimmrechtsvertreter bevollmächtigen will, so bezeichnen wir dafür Herrn Müsterli, Rechtsanwalt, Musterhausen. Ohne andere Weisung sind wir gerne dafür besorgt, dass die Vertretung im Sinne der Zustimmung zu den Anträgen des Verwaltungsrates erfolgt.

Depotvertreter im Sinne von Art. 689d OR bitten wir, dem Aktienbüro Anzahl, Art und Nennwert der von ihnen vertretenen Aktien frühzeitig bekanntzugeben, spätestens jedoch bis zum 20. März 1993, 16.00 Uhr. Als Depotvertreter gelten die dem

Bundesgesetz vom 8. November 1934 über die Banken und Sparkassen unterstellten Institute sowie gewerbsmässige Vermögensverwalter.

Musterhausen, 5. März 1993

                                      Für den Verwaltungsrat
                                      Der Präsident

VOLLMACHT

Ordentliche Generalversammlung
der Muster AG vom 26. März 1993

(Bitte nur *ein einziges* Feld ankreuzen)

Ich beauftrage:

❑ die Direktion der Muster AG, Musterhausen, mich an der Generalversammlung zu vertreten.

ODER

❑ den unabhängigen Vertreter, mich an der Generalversammlung zu vertreten.

ODER

❑ folgende Person, mich an der Generalversammlung zu vertreten, bzw. vertreten zu lassen [Namenaktionäre können nur durch im Aktienregister eingetragene Aktionäre vertreten werden (Statuten Art. 11 Abs. 1)]:

Name, Vorname/Firma: _____

Genaue Adresse: _____

Der/dem Beauftragten erteile ich zu diesem Zweck Vollmacht mit Substitutionsrecht für alle auf meinen Namen lautende Aktien.

Datum: _____ Unterschrift: _____

Im Falle der Vertretung durch die Muster AG, Musterhausen oder den unabhängigen Vertreter wird ohne ausdrücklich anderslautende Weisung das Stimmrecht gemäss den Anträgen des Verwaltungsrates ausgeübt. Blanko unterschriebene Vollmachten werden als Beauftragung der Muster AG, Musterhausen betrachtet und im gleichen Sinne behandelt. Die Vollmachten für den unabhängigen Vertreter werden durch das Aktienbüro in Musterhausen direkt an diesen weitergeleitet.

EINTRITTSKARTE

**zur 11. ordentlichen Generalversammlung
der Aktionäre der Muster AG, Musterhausen**

	Zustelladresse
Freitag, 26. März 1993, 17.00 Uhr	⌐ ⌐
Restaurant Plaza, Musterhausen	
	⌊ ⌋

Aktien A   ...
Aktien B   ...
Aktien C   _____...
Total   ...

Stimmenzahl | *........* |

EXEMPEL AG, NIRGENSDORF

EINLADUNG

zur 22. ordentlichen Generalversammlung der Aktionäre

Mittwoch, 18. Mai 1994, 17.00 Uhr
im Restaurant Hirschen, Hirschenplatz, 9999 Nirgensdorf

Traktanden

1. **Entgegennahme des Jahresberichts 1993**

   Der Verwaltungsrat beantragt die Genehmigung des Jahresberichts.

2. **Entgegennahme des Berichts der Revisionsstelle und der Konzernrevisionsstelle**

   Der Verwaltungsrat beantragt die Abnahme des von der Revisionsstelle vorgelegten Berichts.

3. **Jahresrechnung 1993 und konsolidierte Jahresrechnung 1993**

   Der Verwaltungsrat beantragt die Genehmigung der vorgelegten Jahresrechnung 1993 bzw. der konsolidierten Jahresrechnung 1993.

4. **Décharge-Erteilung an den Verwaltungsrat und die Geschäftsleitung**

   Der Verwaltungsrat stellt den Antrag, den Mitgliedern des

Verwaltungsrates und der Geschäftsleitung sei vollumfänglich und ohne Einschränkung Décharge zu erteilen.

5. **Beschlussfassung über die Verwendung des Jahresergebnisses**

   Der Verwaltungsrat stellt den Antrag, die Verwendung des Bilanzgewinnes von Fr._____ wie folgt zu verwenden:

Einlage in die gesetzlichen Reserven	Fr._____.--
Einlage in die Spezialreserven	Fr._____.--
Ausrichtung einer Dividende von __ Prozent	Fr._____.--
Gewinnvortrag auf neue Rechnung	Fr._____.--

6. **Revision der Statuten**

   Der Verwaltungsrat beantragt die Genehmigung der neuen Statuten in dem im Anhang zu dieser Einladung enthaltenen Wortlaut.

   oder

   Der Verwaltungsrat beantragt die Genehmigung der generellen Statuten-Anpassung an das neue Aktienrecht, insbesondere

   - ...
   - ...

   Weitere Änderungen betreffen formelle und redaktionelle Anpassungen (z.B. Neunummerierung, Übernahme der neuen Gesetzesterminologie usw.).

   oder

   Der Verwaltungsrat beantragt Art.____ der Statuten wie folgt zu ändern:

   "(Neuer Wortlaut)"

7. Wahlen (Wiederwahl; Ersatzwahl; Neuwahl)

a) Verwaltungsrat
Der Verwaltungsrat beantragt die Wiederwahl des gesamten Verwaltungsrates.

oder

Der Verwaltungsrat beantragt die Wiederwahl der Herren __
_____ und _____
sowie die Neuwahl des Herrn _____.

oder

Der Verwaltungsrat beantragt die Ersatzwahl des Herrn ____
_____ anstelle des ausscheidenden Verwaltungsrates Herrn _____.

b) Revisionsstelle
Der Verwaltungsrat beantragt die Wiederwahl der Korrekt Treuhand AG, Nirgensdorf als Revisionsstelle für das Jahr 1994.

c) Konzernrevisionsstelle
Der Verwaltungsrat beantragt die Wiederwahl der Korrekt Treuhand AG, Nirgensdorf als Konzernrevisionsstelle für das Jahr 1994.

8. Verschiedenes

Der **Geschäftsbericht** 1993 mit dem Jahresbericht, der Jahresrechnung, dem Bericht der Revisionsstelle und der Konzernrevisionsstelle sowie dem Gewinnverwendungsantrag liegen am Sitze der Gesellschaft, Niemandstrasse, 9999 Nirgensdorf, während den zwanzig der Generalversammlung vorangehenden Tagen zur Einsicht der Aktionäre auf. Die Aktionäre sind berechtigt, die unverzügliche Zustellung dieser Dokumente zu verlangen.

Das **Protokoll** der 21. Generalversammlung liegt am Sitz der Gesellschaft zur Einsichtnahme auf.

Namenaktionäre, die am Tage der Einberufung der Generalversammlung im Aktienregister eingetragen sind, erhalten die Eintrittskarte sowie weitere Unterlagen zur Traktandenliste direkt.

Inhaberaktionäre, die an der Generalversammlung teilnehmen oder sich vertreten lassen möchten, können ihre Eintrittskarten und die weiteren Unterlagen zur Traktandenliste bis spätestens 15 Tage vor der Generalversammlung bei einer der nachstehenden Stellen verlangen:

- Schweizerische Bankgesellschaft, Nirgensdorf
- Schweizerischer Bankverein, Nirgensdorf
- Schweizerische Kreditanstalt, Nirgensdorf
- Thurgauer Kantonalbank, Nirgensdorf
- Direktion der Exempel AG, Nirgensdorf

Die Abgabe der Eintrittskarte erfolgt gegen Hinterlegung der Aktien oder eines genügenden Ausweises über deren Deponierung bei einer anderen Bank bis zum Tage nach der Generalversammlung.

Für die **Vollmachtserklärung** ist dies auf dem Antwortschein zu bestätigen. Gemäss Art. 13 Abs. 2 der Statuten können Namenaktien nur durch Namenaktionäre vertreten werden.

Falls ein Aktionär die Direktion bevollmächtigen will, so bitten wir ihn, die Vollmacht blanko, jedoch unterzeichnet an das Aktienbüro zu senden. Falls ein Aktionär einen unabhängigen

Stimmrechtsvertreter bevollmächtigen will, so bezeichnen wir dafür Herrn Hans Muster, Rechtsanwalt, Nirgensdorf. Ohne andere Weisung sind wir gerne dafür besorgt, dass die Vertretung im Sinne der Zustimmung zu den Anträgen des Verwaltungsrates erfolgt.

Depotvertreter im Sinne von Art. 689d OR bitten wir, dem Aktienbüro Anzahl, Art und Nennwert der von ihnen vertretenen Aktien frühzeitig bekanntzugeben, spätestens jedoch bis zum 11. Mai 1994, 16.00 Uhr. Als Depotvertreter gelten die dem Bundesgesetz vom 8. November 1934 über die Banken und Sparkassen unterstellten Institute sowie gewerbsmässige Vermögensverwalter.

Nirgensdorf, 20. April 1994

Für den Verwaltungsrat
Der Präsident

_____

Beilagen:
Antwortschein
Anhang

Anhang 1b/6

ANTWORTSCHEIN UND VOLLMACHT

Ordentliche Generalversammlung
vom 18. Mai 1994   (Aktionär)
der
Exempel AG, Nirgensdorf

Bitte senden Sie diesen Antwortschein ausgefüllt und unterzeichnet umgehend an:
Exempel AG, Aktienbüro, Niemandstrasse, 9999 Nirgensdorf

Ordentliche Generalversammlung vom 18. Mai 1994 in Nirgensdorf
(Bitte nur *ein einziges* Feld ankreuzen)

❏ Ich werde persönlich an der Generalversammlung teilnehmen und ersuche um Zustellung einer Eintrittskarte für _____ Namenaktien und für _____ Inhaberaktien. Die Depotbescheinigung für die Inhaberaktien liegt bei.

ODER

Ich beauftrage, mich an der Generalversammlung mit Substitutionsrecht zu vertreten:

❏ die Direktion der Exempel AG

ODER

❏ den unabhängigen Vertreter, Herrn Hans Muster, Rechtsanwalt, Nirgensdorf

ODER

❏ folgende Person [Namenaktionäre nur durch im Aktienregister eingetragene Aktionäre vertreten werden (Statuten Art. 13 Abs. 2)]:

Name, Vorname / Firma: _____

Genaue Adresse: _____

Datum: _____ Unterschrift: _____

Im Falle der Vertretung durch die Direktion der Exempel AG, Nirgensdorf oder den unabhängigen Vertreter wird ohne ausdrücklich anderslautende Weisung das Stimmrecht gemäss den Anträgen des Verwaltungsrates ausgeübt. Blanko unterschriebene Vollmachten werden als Beauftragung der Direktion der Exempel AG, Nirgensdorf betrachtet und im gleichen Sinne behandelt. Die Vollmachten für den unabhängigen Vertreter werden durch das Aktienbüro in Nirgensdorf direkt an diesen weitergeleitet.

Anhang 1b/7

EINTRITTSKARTE *Nr.*

**zur 22. ordentlichen Generalversammlung
der Aktionäre der Exempel AG, Nirgensdorf**

                                        Zustelladresse

Mittwoch, 18. Mai 1994, 17.00 Uhr   ⌐   ⌐
Restaurant Hirschen, Nirgensdorf

                                          ⌐   ⌐

eigene Namenaktien   ...
vertretene Namenaktien   ...
eigene Inhaberaktien   ...
vertretene Inhaberaktien   ...
Total   ...

Stimmenzahl |*........*|

Anhang 1b/8

STIMMKARTE

	Stimmkarte
Ordentliche Generalversammlung 1994 der Exempel AG, Nirgensdorf	**8**
Anzahl Stimmen: *___*	

	Stimmkarte
Ordentliche Generalversammlung 1994 der Exempel AG, Nirgensdorf	**7**
Anzahl Stimmen: *___*	

	Stimmkarte
Ordentliche Generalversammlung 1994 der Exempel AG, Nirgensdorf	**6**
Anzahl Stimmen: *___*	

	Stimmkarte
Ordentliche Generalversammlung 1994 der Exempel AG, Nirgensdorf	**5**
Anzahl Stimmen: *___*	

	Stimmkarte
Ordentliche Generalversammlung 1994 der Exempel AG, Nirgensdorf	**4**
Anzahl Stimmen: *___*	

	Stimmkarte
Ordentliche Generalversammlung 1994 der Exempel AG, Nirgensdorf	**3**
Anzahl Stimmen: *___*	

	Stimmkarte
Ordentliche Generalversammlung 1994 der Exempel AG, Nirgensdorf	**2**
Anzahl Stimmen: *___*	

	Stimmkarte
Ordentliche Generalversammlung 1994 der Exempel AG, Nirgensdorf	**1**
Anzahl Stimmen: *___*	

STATUTENBESTIMMUNGEN

Nachfolgende Statutenbestimmungen verdeutlichen den Ablauf einer ordentlichen Generalversammlung.

1. **Aktien / Aktienbuch**

   "Die Aktien sind der Gesellschaft gegenüber unteilbar. Die Gesellschaft anerkennt nur einen Vertreter für jede Aktie."

   "Gegenüber der Gesellschaft gilt als Träger sämtlicher Rechte aus einer Inhaberaktie ausschliesslich, wer sich als Besitzer ausweist."

   "Gegenüber der Gesellschaft gilt als Träger sämtlicher Rechte aus Namenaktien ausschliesslich, wer im Aktienbuch eingetragen ist."

   "Vom Datum der Einberufung einer Generalversammlung bis zu dem auf die Generalversammlung folgenden Tag werden keine Eintragungen in das Aktienbuch vorgenommen."

2. **Traktandum**

   "Aktionäre, welche Aktien im Nennwert von mindestens Fr. 1 Mio. vertreten, können die Traktandierung eines Verhandlungsgegenstandes verlangen. Das Begehren, die Angaben des Verhandlungsgegenstandes und der Antrag hiezu müssen alle drei bis drei Monate vor Durchführung einer Generalversammlung schriftlich dem Verwaltungsrat eingereicht werden."

3. **Einberufung**

   "Die Einberufung einer Generalversammlung kann auch von einem oder mehreren Aktionären, die zusammen mindestens

10 Prozent des Aktienkapitals vertreten, schriftlich unter Angabe von Traktandum und Antrag verlangt werden. Der Verwaltungsrat hat innert sechs Wochen die Generalversammlung einzuberufen."

4. Stimmenzähler, Protokollführer

"Der Vorsitzende bezeichnet die Stimmenzähler sowie den Protokollführer, die nicht Aktionäre zu sein brauchen."

5. Stimmrecht

"Der Verwaltungsrat erlässt die Bestimmungen über den Ausweis des Aktienbesitzes und falls notwendig, die Ausgabe von Stimmkarten."

6. Beschlussfassung

"Abstimmungen und Wahlen erfolgen offen, sofern nicht der Vorsitzende die geheime Stimmabgabe anordnet oder die Generalversammlung jene beschliesst."

7. Protokoll

"Über die Beschlüsse und Wahlen der Generalversammlung ist ein Protokoll zu führen, das vom Vorsitzenden, von den Stimmenzählern, falls solche bezeichnet werden, und vom Protokollführer zu unterzeichnen ist und damit als genehmigt gilt."

Anhang 3/1

LEITFADEN FÜR DEN VORSITZENDEN ZUR FÜHRUNG DURCH DIE GENERALVERSAMMLUNG

1. **Begrüssung**

   Aktienvertreter, unabhängiger Stimmrechtsvertreter, evtl. Notar, Vertreter der Revisionsstelle, Gäste

2. **Jahresbericht**

   2.1 Grundsätzliches zum Unternehmen

   Unternehmungsleitbild
   Unternehmungsziele und Unternehmungsstrategie
   Überblick der wichtigsten Kennziffern

   2.2 Umfeld der Unternehmung

   Stellungnahme zu ausstehenden Grundsatzfragen wie Aktienrecht, Wettbewerbsrecht, EG und dgl.

   Verhaltensgrundsätze gegenüber Umwelt wie vollzogene und vorgesehene Massnahmen

   Marktstellung, Hinweise auf Veränderungen, Entwicklungen und Perspektiven des Marktes, Konkurrenzsituation, Stellung im Markt, Auszeichnung des Unternehmens

   Sozialbilanz und Arbeitnehmer, Bemerkungen betreffend Mehrwertschöpfung, soziale Sicherheit, Arbeitsplätze, Würdigung ausserordentlicher Leistungen von Mitarbeitern, Nachwuchs- und Frauenförderung

2.3 Beteiligungen

Aufzählung der Beteiligungen und Ausführungen bezüglich Mehrheits- bzw. Minderheitsbeteiligungen, deren strategische Ziele sowie deren Anteil am Gesamterfolg

3. Bestellung des Büros

3.1 Bestimmung des Protokollführers

3.2 Bestimmung der Stimmenzähler

4. Hinweis auf ordnungsgemässe Einladung

4.1 Publikation im SHAB vom _____

4.2 Briefliche Zustellung an Namenaktionäre

4.3 Verweis auf Beilagen (Geschäftsbericht und dgl.)

4.4 Verweis auf Einsichtsmöglichkeit in Geschäftsbericht und evtl. weitere Unterlagen sowie dem letztjährigen Protokoll am Sitz der Gesellschaft

5. Mitteilung des Stimmenregisters

5.1 Gesamtzahl der anwesenden Aktienvertreter

5.2 Mitteilung der institutionellen Vertreter, unterteilt in Anzahl, Art, Nennwert und Kategorie der Aktien

5.3 Feststellung, dass das absolute Mehr somit ____ Stimmen beträgt

5.4 evtl. Hinweis, dass spezielle statutarische oder gesetzliche Quoren erreicht sind

6. Festlegung des Abstimmungsvorgangs

6.1 Offene oder geheime Abstimmung

6.2 Einzel- oder Gesamtwahlen

7. Behandlung der Traktanden

7.1 Verweis auf Traktandenliste

7.2 Wiederholung des Antrags des Verwaltungsrats

7.3 Frage nach Auskunftsbegehren und deren Beantwortung

7.4 evtl. Stellung und Begründung der Anträge durch Aktienvertreter

7.5 Diskussion

7.6 Abstimmungsvorgang

7.7 Mitteilung des Abstimmungsergebnisses

8. Schluss der Generalversammlung

8.1 Formelle Beendigung

8.2 Dank für Erscheinen

8.3 Hinweise auf Apéritif, Imbiss

Anhang 4 / 1

CHECKLISTE FÜR DIE DURCHFÜHRUNG DER GENERALVERSAMMLUNG

1. Vorbereitung der Generalversammlung
(Kapitel 2 - 5)

	Zuständigkeit	Zeitpunkt	Ort	Bemerkungen
EINBERUFUNG • Datum • Ort				
GESAMTVERANTWORTUNG • Bestellung Aktienbüro • Leiter Aktienbüro				

FORM
• Einladung
  - Erstellen bereinigtes Exemplar
  - Weiterleitung an Druckerei
  - "Gut zum Druck"
  - Retour an Druckerei
  - Ablieferung an Druckerei
  - Versand
• Eintrittskarten / Vollmachten
  - Erstellen bereinigtes Exemplar
  - Weiterleitung an Druckerei
  - "Gut zum Druck"
  - Retour an Druckerei
  - Ablieferung an Druckerei
  - Versand				

Anhang 4/2

	Zuständigkeit	Zeitpunkt	Ort	Bemerkungen

• Inserat SHAB
  - Vorbereitung Text
  - Aufgabe
  - Bestätigung
  - Sofort-Beleg am
    Erscheinungstag
  - Inseratenkontrolle
 	
• Geschäftsbericht
  - Erstellen bereinigtes
    Exemplar
  - Weiterleitung an Druckerei
  - "Gut zum Druck"
  - Retour an Druckerei
  - Ablieferung an Druckerei
  - Versand				

VERSAND
• Erstellen Versandliste
  "Aktionäre" mit Unterlagen
• Erstellen Versandliste
  "Banken" mit Unterlagen
• Durchführung Versand
• Ausgabenliste				

EINLADUNGEN AN NICHT-AKTIONÄRE • Geschäftsleitung • Presse • Ehegatten • Ehrenpräsidenten				
LEGITIMATIONSKONTROLLE • Namenaktionäre • Inhaberaktionäre • Stimmrechtsvertreter • Drittpersonen				
EINTRITTSKONTROLLE • Abgabe von Stimmzetteln				

Anhang 4/3

	Zuständigkeit	Zeitpunkt	Ort	Bemerkungen
PRÄSENZLISTE				
MITTEILUNG DER VER-TRETUNGSVERHÄLTNISSE AN DEN VORSITZENDEN				
AUFLAGE • Geschäftsbericht • Protokoll Vorjahr				
DIVERSES • Reservation Versammlungslokal • Ausschmückung Versammlungslokal • Beflaggung Firma • Telefonzentrale / Empfang instruieren • Notfallarzt • Grussadresse an krankheitshalber verhinderte Aktionäre • Orientierung Betriebskommission • Tischordnung				

2. Durchführung der Generalversammlung
(Kapitel 4 - 8)

	Zuständigkeit	Zeitpunkt	Ort	Bemerkungen
WAHL DES VORSITZENDEN				
WAHL DES BÜROS • Protokollführer • Stimmenzähler				
ORDNUNGSBEFUGNISSE				
PRÜFUNG DER STIMMBE- RECHTIGUNG				
ENTSCHEID ÜBER STIMM- BERECHTIGUNG				
ERLEDIGUNG DER TAGES- ORDNUNG				
GENERALVERSAMMLUNG- BEGLEITTEXT FÜR DEN PRÄSIDENTEN				
FESTLEGUNG DES ABSTIM- MUNGSVERFAHRENS				
MEHRHEITSVERHÄLTNISSE • absolutes oder relatives Mehr • vertretene oder abgegebene Stimmen				
STICHENTSCHEID				
ERMITTLUNG / MITTEILUNG DER STIMMENZAHL				
AUSKÜNFTE DURCH • Verwaltungsrat • Revisionsstelle				

3. Protokoll
(Kapitel 9)

	Zuständigkeit	Zeitpunkt Zeitdauer	Ort	Bemerkungen
WAHL DES PROTOKOLL-FÜHRERS				
FORM • Beschlussprotokoll • öffentliche Urkunde • Tonbandaufnahme				
GENEHMIGUNG				
VERTEILER				
EINSICHTSRECHT				
PROTOKOLLBERICHTIGUNG				
AUFBEWAHRUNG				

4. Pflichten nach der Generalversammlung
(Kapitel 10)

	Zuständigkeit	Zeitpunkt Zeitdauer	Ort	Bemerkungen
EINSICHT IN / VERSAND VON • definitiven(-m) Geschäftsbericht • Revisionsbericht • Jahresrechnung • Konzernrechnung				
INFORMATIONSSCHREIBEN AN • Banken				
DANKESSCHREIBEN AN • Stimmenzähler • Aktionäre betreffend Vollmachten • Personen und Institutionen, welche Hilfe geleistet haben				

Anhang 5/1

EXEMPEL AG, NIRGENSDORF

PROTOKOLL

der 22. ordentlichen Generalversammlung der Aktionäre

im Restaurant Hirschen, Hirschenplatz, 9999 Nirgensdorf
Mittwoch, 18. Mai 1994, 17.00 Uhr

Anwesend

(Vorname, Name)	Präsident und Vorsitz
(Vorname, Name)	Vizepräsident
(Vorname, Name)	Mitglied des Verwaltungsrates
(Vorname, Name)	Protokoll
(Vorname, Name)	Stimmenzähler
(Vorname, Name)	Stimmenzähler
(Vorname, Name)	Notar
(Vorname, Name)	unabhängiger Stimmrechtsvertreter
(Vorname, Name)	Vertreter der Revisionsstelle

Der Vorsitzende begrüsst die Anwesenden, insbesondere Herrn / Frau _____ Notar, und Herrn / Frau _____ _____ unabhängiger Stimmrechtsvertreter und stellt fest, dass zur heutigen Generalversammlung ordnungsgemäss geladen wurde.

Es werden die Aktien wie folgt vertreten:
- ____ Namenaktien: ____ werden durch Aktionäre,
    ____ durch Organe der Aktiengesellschaft,
    ____ durch den unabhängigen Stimmrechtsvertreter und
    ____ durch Depotstimmrechtsvertreter vertreten.
- ____ Inhaberaktien: ____ werden durch Aktionäre,
    ____ durch Organe der Aktiengesellschaft,
    ____ durch den unabhängigen Stimmrechtsvertreter und
    ____ durch Depotstimmrechtsvertreter vertreten.

Die Traktanden gemäss Einladung werden nicht beanstandet und wie folgt behandelt:

1. Entgegennahme des Geschäftsberichts 1993

Der Geschäftsbericht 1993, welcher den Sitzungsteilnehmern vorgängig zur heutigen Generalversammlung zugestellt worden ist, wird einstimmig genehmigt.

2. Entgegennahme des Berichts der Revisionsstelle und der Konzernrevisionsstelle

Vom Bericht der Revisionsstelle und der Konzernrevisionsstelle wird Kenntnis genommen.

3. Jahresrechnung 1993 und konsolidierte Jahresrechnung 1993

Die Jahresrechnung 1993 bzw. die konsolidierte Jahresrechnung 1993 wird einstimmig genehmigt.

4. Entlastung von Verwaltungsrat und Geschäftsleitung

Dem Verwaltungsrat und der Geschäftsleitung werden in globo Entlastung erteilt.

5. Verwendung des Jahresergebnisses

Der vom Verwaltungsrat vorgeschlagenen Verwendung des Bilanzgewinnes wird einstimmig zugestimmt.

6. Revision der Statuten

Der Revision von Art. ___ mit Wortlaut "___ ... ___" wird zugestimmt.

oder

Die Totalrevision der Statuten wird genehmigt. Der Wortlaut ist im Anhang wiedergegeben.

6. Wahl des Verwaltungsrates, der Revisionsstelle und Konzernrevisionsstelle

a) Als Verwaltungsrat werden in globo für eine (neue) Amtsdauer von drei Jahren gewählt:

(Vorname, Name)
(Vorname, Name)
(Vorname, Name)

oder

Als Verwaltungsrat wird Herr/Frau _____
für den Rest der Amtsdauer hinzugewählt.

b) Die Korrekt Treuhand AG, Nirgensdorf wird für ein weiteres Geschäftsjahr als Revisionsstelle wiedergewählt.

c) Die Korrekt Treuhand AG, Nirgensdorf wird für das Geschäftsjahr 1993 als Konzernrevisionsstelle wiedergewählt.

7. Verschiedenes

Schluss der Sitzung: 18.30 Uhr

Nirgensdorf, 18. Mai 1994

Der Präsident des Verwaltungsrates:　　　Der Protokollführer:

_____　　　_____

Die Stimmenzähler:

_____　　　_____